Veronika Pichl

LOW-CARB *Blitzküche* AUS DEM THERMOMIX®

Veronika Pichl

LOW-CARB *Blitzküche* AUS DEM THERMOMIX®

Über 60 schnelle und einfache Rezepte

riva

Bibliografische Information der Deutschen Nationalbibliothek
Die Deutsche Nationalbibliothek verzeichnet diese Publikation in der Deutschen Nationalbibliografie. Detaillierte bibliografische Daten sind im Internet über http://d-nb.de abrufbar.

Für Fragen und Anregungen
info@rivaverlag.de

Wichtiger Hinweis
Sämtliche Inhalte dieses Buches wurden – auf Basis von Quellen, die die Autorin und der Verlag für vertrauenswürdig erachten – nach bestem Wissen und Gewissen recherchiert und sorgfältig geprüft. Alle Rezepte in diesem Buch wurden für den Thermomix® TM5 entwickelt und mit diesem getestet. Bitte beachten Sie: Der Mixtopf des Thermomix® TM5 ist größer als der des TM31 (Kapazität von 2,2 Litern anstatt 2,0 Liter beim TM31). Daher dürfen aus Sicherheitsgründen die Rezepte aus diesem Buch nur dann mit dem TM31 nachgekocht werden, wenn die Mengen angepasst wurden. Achten Sie auf die Füllstandsmarkierungen und überschreiten Sie die maximale Füllmenge nicht. Der Verlag und die Autorin haften für keine nachteiligen Auswirkungen, die in einem direkten oder indirekten Zusammenhang mit den Informationen stehen, die in diesem Buch enthalten sind. Thermomix® ist ein eingetragenes Warenzeichen der Vorwerk & Co. KG. Diese Publikation ist kein offizielles Lizenzprodukt der Vorwerk & Co. KG.

Originalausgabe
2. Auflage 2020

Nymphenburger Straße 86
D-80636 München
Tel.: 089 651285-0
Fax: 089 652096

Redaktion: Caroline Kazianka
Umschlaggestaltung: Manuela Amode
Umschlagabbildung: Apolonia/Shutterstock.com, Kseniya Toyechkina/Shutterstock.com, Oksana Mizina/Shutterstock.com, t.natchai/Shutterstock.com, Diana Ruchser
Satz: inpunkt[w]o, Haiger (www.inpunktwo.de)
Druck: Florjancic Tisk d.o.o., Slowenien
Printed in the EU

ISBN Print 978-3-7423-1068-2
ISBN E-Book (PDF) 978-3-7453-0693-4
ISBN E-Book (EPUB, Mobi) 978-3-7453-0694-1

Inhalt

Low-Carb-Blitzküche mit dem Thermomix® – ein Plus für Gesundheit und Fitness

Low Carb als Diät oder dauerhafte Ernährungsform ist mittlerweile fast jedem ein Begriff. Kein Wunder, schließlich hört und liest man überall von Diäterfolgen oder einem gesteigerten Wohlbefinden dank der Umstellung auf die Low-Carb-Lebensweise. Das bewährte Ernährungskonzept dann aber selbst in die Tat umzusetzen, scheitert in der Realität häufig an mehreren Faktoren. Zu wenig Zeit zum Kochen oder die vermeintlichen Speiseplaneinschränkungen durch eine kohlenhydratreduzierte Ernährung lassen die guten Vorsätze, sich endlich gesünder zu ernähren, oft schnell in Vergessenheit geraten.

Aber warum den Wunsch nach einer gesünderen Ernährung aufgeben, bevor man überhaupt richtig damit begonnen hat? Dafür gibt es eigentlich gar keinen Grund! Das gilt vor allem dann, wenn man einmal erkannt hat, dass auch eine kohlenhydratreduzierte Ernährung keinesfalls einen langweiligen oder aufwendigen Speiseplan voller Entbehrungen zur Folge hat. Und wenn sich leckere, gesunde Low-Carb-Gerichte auch noch ganz bequem und meist in nur wenigen Minuten mithilfe des Thermomix® zubereiten lassen, gibt es erst recht keinen Grund mehr, sich die vielen Gesundheitsvorteile, ein schlankeres Selbst und eine Portion Extra-Wohlbefinden nicht zu gönnen!

Warum eigentlich Low Carb?

Vermutlich hat jeder den Begriff »Low Carb« schon einmal gehört und die meisten Menschen wissen, dass damit nichts anderes als »wenig(er) Kohlenhydrate« gemeint ist. Wer sich auf diese Weise ernährt, verzichtet zwar nicht komplett auf Kohlenhydrate, entscheidet sich aber gezielt dafür, die Aufnahme dieses Makronährstoffs zu reduzieren, sodass er nur noch etwa 20 Prozent der insgesamt aufgenommenen Makronährstoffe ausmacht.

Sportlichen Menschen mit Normal- oder nur leichtem Übergewicht wird dabei empfohlen, die täglich konsumierte Kohlenhydratmenge auf etwa 25 bis 50 Gramm zu verringern. Aber was soll das überhaupt? Sind Kohlenhydrate etwa generell schlecht und machen uns krank, sodass wir sie in unserer Ernährung meiden müssen?

Natürlich nicht!

Aber: Ein großer Teil der täglich aufgenommenen Kohlenhydrate stammt bei vielen Menschen nicht gerade aus den gesündesten Quellen. So ergaben Untersuchungen der Welternährungsorganisation beispielsweise, dass Erwachsene pro Tag etwa 131 Gramm Zucker zu sich nehmen. Dementsprechend ist eine geringere Kohlenhydratzufuhr bei den allermeisten Menschen nicht zwingend gleichzusetzen mit einer strengen Diät und Verzicht – Low Carb kann schon bedeuten, eine ungesunde und unnötig hohe Zuckerzufuhr einzuschränken.

Das kann etwa dadurch geschehen, dass Lebensmittel, die besonders viele Kohlenhydrate in Form von Einfachzucker enthalten, weniger oft auf den Tisch kommen. Solche Lebensmittel mit einem hohen Anteil an Einfachzucker sind beispielsweise:

- Süßigkeiten und besonders süßes Obst und Gemüse
- Nudeln, Brot und sonstige Backwaren sowie Weißmehlprodukte
- Limonaden, Säfte und gesüßte Getränke
- Fast Food, Fertiggerichte und andere Fertiglebensmittel
- panierte Lebensmittel
- Lightprodukte

Werden diese Lebensmittel nur noch selten oder in kleinen Mengen gegessen, kann das die täglich aufgenommene Kohlenhydratmenge bereits erheblich reduzieren.

Aber wozu das alles? Welche Vorteile soll es eigentlich haben, auf die Kohlenhydratmenge zu achten? Schließlich sind Kohlenhydrate doch wertvolle Nährstoffe, die dem menschlichen Körper zur Energiegewinnung dienen?

Obwohl insbesondere einfache Kohlenhydrate unserem Körper schnell verfügbare Energie liefern, sind sie dennoch keine essenziellen Nährstoffe. Das bedeutet: Wir müssen sie nicht zwingend über die Nahrung aufnehmen, um fit, gesund und leistungsfähig zu sein! Anstelle einfacher Kohlenhydrate könnten wir nämlich auch andere Nährstoffe (Fette oder Proteine) zu uns nehmen – aus diesen kann unser Körper ebenfalls die nötige Energie gewinnen.

Tauschen wir also beispielsweise Weißmehlprodukte und andere Kohlenhydratquellen gegen protein- und fettreichere Lebensmittel aus, entsteht dadurch kein »Kohlenhydratmangel«. Vielmehr gewinnt unser Körper die notwendige Energie dann einfach aus den anderen ihm zur Verfügung stehenden Quellen – und es ergeben sich verschiedene gesundheitliche Vorteile. Diese Vorteile erklären, warum so viele Menschen auf die Low-Carb-Ernährung schwören.

Mit Low Carb zu mehr Wohlbefinden

Durchschnittlich konsumieren Erwachsene hierzulande über 200 Gramm an Kohlenhydraten pro Tag. Ein nicht unerheblicher Teil davon stammt dabei aus Zucker in Form von Süßigkeiten, Limonade oder Lebensmitteln, die Haushaltszucker enthalten.

Problematisch daran ist: Viele Untersuchungen konnten zeigen, dass übermäßiger Kohlenhydrat- und gerade Zuckerkonsum das körperliche Wohlbefinden nicht unerheblich beeinträchtigen und uns sogar krank und dick machen kann.

Höchste Zeit also, um mithilfe von leckeren Rezepten, die sich leicht und schnell im Thermomix® zubereiten lassen, überflüssige Kohlenhydrate vom Speiseplan zu streichen – und unserem Körper so gleich zwei überzeugende Gesundheitsvorteile zu verschaffen:

1. Durch eine verminderte Kohlenhydrataufnahme werden Blutzucker- und Insulinspiegel normalisiert und stabilisiert – so kann weniger Heißhunger entstehen, was bedeutet, dass wir seltener zu »Dickmacher-Lebensmitteln« greifen. Außerdem wird verschiedenen Krankheiten vorgebeugt.
2. Da keine einfachen Kohlenhydrate mehr für die Energiegewinnung zur Verfügung stehen, greift unser Körper dazu nun auf Fett zurück, und zwar neben Nahrungs- auch auf eingelagertes Körperfett. Das heißt, dass unerwünschte Fettpolster schmelzen!

Weniger Körperfett und gleichzeitig auch weniger Heißhunger – kein Wunder, dass wir uns sofort wohler in unserer Haut fühlen!

Weitere Vorteile der Low-Carb-Ernährung

Mehr Wohlbefinden durch weniger Körperfett und kein Heißhunger mehr sind aber noch längst nicht alle Vorteile, die eine kohlenhydratreduzierte Ernährung haben kann. Stehen nämlich weniger kohlenhydratreiche Lebensmittel wie Nudeln, Backwaren und Chips auf unserem Speiseplan, hat das ganz automatisch zur Folge, dass mehr fett- und proteinreiche Lebensmittel gegessen werden. Schließlich müssen wir ja auch im Rahmen einer Low-Carb-Ernährung genügend Energie zu uns nehmen.
Dieses Ersetzen von Kohlenhydraten durch Proteine und gesunde Fette bringt gleich mehrere Gesundheitsvorteile mit sich:

- **Muskeln werden aufgebaut**
  Steigen wir auf eine Low-Carb-Ernährung um, geht mit der geringeren Kohlenhydrat- meist ganz automatisch eine erhöhte Proteinzufuhr einher. Dies hat zur Folge, dass wir bei sportlicher Aktivität leichter Muskeln aufbauen – und das hält unseren Körper straff und fit.

- **Weniger Schmerzen und Krankheiten dank Low Carb**
  Senken wir den Kohlenhydratgehalt unserer Nahrung, stabilisiert sich unser Insulinspiegel ganz automatisch. Ein stabilerer Insulinspiegel reduziert aber auch die im Blut nachweisbare Anzahl von Entzündungsmarkern und

macht uns weniger krankheitsanfällig. Sogar Schmerzen oder Gelenkbeschwerden gehen so oft zurück!

- **Mehr Mikronährstoffe durch Low Carb**
  Eine kohlenhydratreduzierte Ernährungsweise hat äußerst positive Auswirkungen auf unsere Essgewohnheiten. Obwohl es gerade zu Beginn etwas mühsam sein kann, zwischen kohlenhydratreichen und -armen Lebensmitteln zu unterscheiden, fällt es nach einiger Zeit leicht, die »richtigen« Lebensmittel auszuwählen.
  Ein besonders positiver Nebeneffekt der Umstellung ist, dass automatisch auf frische Gerichte und natürliche Lebensmittel zurückgegriffen wird.
  Auch wenn wir das zu Beginn nur tun, weil diese Nahrungsmittel weniger Kohlenhydrate enthalten, führen wir unserem Körper so ganz nebenbei auch viel mehr wertvolle Mikronährstoffe zu. Schon nach kurzer Zeit macht sich das Mehr an Vitaminen, Mineralien und anderen wertvollen Stoffen dann in einem Zuwachs an Energie und Leistungsfähigkeit bemerkbar, sodass wir gar nicht mehr zu alten Ernährungsgewohnheiten zurückkehren wollen.

Lecker und gesund kochen mit dem Thermomix®

Wer auf eine kohlenhydratreduzierte Ernährung achtet, verzichtet weitestgehend auf herkömmliche Weißmehlpasta, weißen Reis, Kartoffeln oder Brot – doch was bleibt dann eigentlich noch übrig und darf gegessen werden? Und welche Low-Carb-Gerichte lassen sich gut im Thermomix® zubereiten?

Manch einer glaubt vielleicht, dass Low-Carb-Gerichte aus dem Thermomix® eintönig sind oder nur Suppe und gedämpftes Gemüse umfassen. Aber weit gefehlt! Unsere kohlenhydratarmen Rezepte für den Thermomix® sind abwechslungsreich, lecker und dazu noch schnell gemacht.

Einer der überzeugendsten Vorteile des Kochens mit dem Thermomix® ist hinlänglich bekannt: Er kann Zutaten zerkleinern, dünsten, kochen, rühren und vieles mehr. So nimmt er uns viele Arbeitsschritte ab und wir sparen Zeit. Dadurch passen frisch zubereitete Gerichte selbst nach Feierabend noch problemlos in den Zeitplan. Gerade dann, wenn wir uns gesünder ernähren, auf Fertiggerichte verzichten und selbst öfter frisch kochen wollen, ist das ein nicht zu unterschätzender Vorteil.

Auch gibt es oft den Fall, dass nicht alle Familienmitglieder einer bestimmten Ernährungsweise folgen wollen. Muss dann nur für eine Person etwas Spezielles gekocht werden, wird es oft ziemlich kompliziert. Damit alle Familienmitglieder gemeinsam essen können, müssten gleich mehrere Gerichte gleichzeitig zubereitet werden, was im Alltag kaum praktikabel ist und zu Chaos in der Küche führt. In der Konsequenz werden dann häufig die guten Vorsätze, endlich gesünder und kohlenhydratärmer zu es-

sen, über Bord geworfen und dem Familienkonsens geopfert.
Doch das muss nicht sein! Durch die einfache und schnelle Zubereitung im Thermomix® lassen sich viele unserer leckeren Low-Carb-Rezepte fast wie von allein und darum auch entspannt für nur eine Person zubereiten! Mithilfe des Thermomix® gelingt eine gesunde Ernährung also kinderleicht und lässt sich auch in den turbulentesten Tagesablauf integrieren.

Low Carb mit dem Thermomix® – so klappt's

Einfach alle Zutaten in den Thermomix® werfen, einschalten und fertig ist ein leckeres Gericht? Zugegeben, ganz so einfach ist es nicht – aber fast!
Viele unserer abwechslungsreichen Low-Carb-Rezepte sind One-Pot- oder All-in-one-Gerichte und lassen sich nur mit dem Thermomix® zubereiten. Gelegentlich kann es dabei vorkommen, dass alle Ebenen des Geräts – gleichzeitig oder nacheinander – eingesetzt werden. Das kann dann zum Beispiel so aussehen, dass bestimmte Zutaten im Mixtopf garen, während andere Komponenten im Gareinsatz oder dem Varoma liegen. Für andere Gerichte werden neben dem Thermomix® auch weitere Küchenhelfer benötigt – allerdings macht das die Zubereitung nicht wirklich komplizierter.
Dennoch fungiert der Thermomix® nicht nur allgemein als Arbeitserleichterung, er ermöglicht vielmehr eine besonders praktische Zubereitung, die sich gerade für unsere Low-Carb-Rezepte bestens eignet. Denn viele beliebten und nahrhaften Low-Carb-Zutaten wie Gemüse und Fleisch lassen sich gut und dazu noch sehr schonend im Varoma zubereiten. Der austretende Saft kann dabei in etwas Backpapier aufgefangen werden und verleiht den Gerichten ein besonderes Geschmackserlebnis.

Die richtigen Zutaten für die Low-Carb-Küche mit dem Thermomix®

Einfach und ohne Chaos auch im stressigen Alltag eine frische Low-Carb-Mahlzeit zaubern? Mit dem Thermomix® klappt das schnell und unkompliziert. Das liegt nicht nur daran, dass der Thermomix® uns viele Arbeitsschritte abnehmen kann, sondern hat auch damit zu tun, dass für gesunde und kohlenhydratarme Gerichte weder lange Vorbereitungszeiten noch exotische Zutaten notwendig sind. Der Vorteil dieser einfachen und schnellen Küche: Zuckerhaltige Fertigprodukte und schnell verfügbare, aber ungesunde Snacks werden damit überflüssig!
Aber mit welchen Lebensmitteln lässt sich dieses Küchenwunder vollbringen? Die Antwort auf diese Frage gibt unsere Liste der **Top-Low-Carb-Zutaten für den Thermomix®:**

1. **Fleisch und Fisch**
   Fleisch und Fisch lassen sich im Thermomix® schnell, einfach und aromatisch zubereiten. Die Gerichte spenden nicht nur eine große Portion an wertvollem Eiweiß, sondern besiegen auch größeren Hunger. Gerade Fleisch enthält außerdem wichtige essenzielle Aminosäuren, unterstützt uns beim Aufbau von Muskulatur, der Reduktion von Körperfett und lässt sich – genauso wie Fisch – insbesondere im Varoma schonend und aromatisch garen.

2. **Milchprodukte**
   Milchprodukte ergänzen eine kohlenhydratarme Ernährung ideal und fungieren in Form von Joghurt, Quark, Käse sowie in vielen anderen Formen als echte Energiespender. Reich an wertvollen Mineralstoffen lassen sich Milchprodukte zudem auch besonders vielseitig – von süß bis herzhaft – zubereiten.

3. **Hülsenfrüchte, Kerne und Nüsse**
   Obwohl Hülsenfrüchte – anders als Kerne und Nüsse – einen verhältnismäßig hohen Kohlenhydratanteil aufweisen, sind sie dennoch im Rahmen einer Low-Carb-Ernährung zu emp-

fehlen. Das liegt nicht zuletzt an ihrem hohen Eiweißgehalt und dem damit verbundenen lang anhaltenden Sättigungseffekt.
Nüsse, Kerne und Samen hingegen machen aufgrund ihres hohen Anteils an gesunden Fetten lange satt und sollten den Speiseplan darum – in kleinen Mengen – abrunden.

4. **Obst und Gemüse**
   Obst und Gemüse sind nicht nur dann die richtige Wahl, wenn es einmal schnell gehen soll. Die frischen, knackigen Zutaten bringen außerdem eine Extraportion an Vitaminen und Mineralstoffen und lassen sich gerade im Thermomix® vielseitig zubereiten.
   Ob als leckerer Blumenkohlreis, Gemüsecurry oder Low-Carb-Püree – Gemüse ist ideal, um kohlenhydratreiche Lieblingsgerichte durch eine Low-Carb-Alternative zu ersetzen, ohne dabei auf Genuss verzichten zu müssen.

5. **Gemüsenudeln und -reis**
   Ob grün, orange oder rot – gesunde und kohlenhydratarme Gemüsepasta liegt voll im Trend und lässt sich ganz einfach selbst herstellen. Alles, was dafür nötig ist, ist ein Spiralschneider oder Sparschäler, das entsprechende Gemüse – und ruckzuck sind die Gemüsespaghetti fertig. Angefangen hat der Gemüsenudeltrend mit den sogenannten Zoodles. Der Begriff

setzt sich aus den englischen Wörtern »zucchini« und »noodles« zusammen und meint entsprechend feine Zucchinistreifen, die sich wie »echte« Nudeln mit den verschiedensten Saucen kombinieren und genießen lassen. Mittlerweile sind auch »Coodles«, aus »carrots« und »noodles«, weitverbreitet. Neben Zucchini und Karotten eignen sich auch Rettich, Rote Bete oder jedes andere feste Gemüse, das sich gut in feine Streifen schneiden lässt, als leckere Gemüsepasta.

Ist das Lieblingsgemüse einmal ausgewählt, geht die Zubereitung der Low-Carb-Nudeln rasend schnell. Das Gemüse dazu einfach putzen, waschen, mit einem Spiralschneider in Spaghettiform bringen und wenige Minuten in der warmen Pastasauce ziehen lassen. So bleibt die Gemüsepasta lecker al dente. Wer seine Gemüsepasta etwas weicher mag, kann sie auch 2 bis 5 Min. in Wasser kochen oder 10 Min. im Varoma mitdämpfen, während die Sauce unten im Mixtopf auf Varomastufe gekocht wird.

Übrigens: Wer keinen Spiralschneider besitzt, benutzt einfach einen Sparschäler, um das Gemüse in Form zu bringen.

6. **Konjaknudeln und -reis**

Konjaknudeln (auch Shirataki genannt) und Konjakreis werden aus der japanischen Konjakwurzel hergestellt und sind tatsächlich kohlenhydrat-, fett- und fast kalorienfrei – und damit ein echtes Diät- und Low-Carb-Food.

Anders als gewöhnliche Nudeln oder Reis kommen Konjaklebensmittel meist in Wasser eingelegt zu uns nach Hause – lassen sich aber auch schneller und einfacher zubereiten als ihre High-Carb-Kollegen. Hierzu werden die Konjakprodukte einfach so lange unter fließendem Wasser abgespült, bis ihr typischer (unbedenklicher) Eigengeruch verschwunden ist. Danach abseihen und 2 bis 3 Min. in der gewünschten Sauce mitkochen bzw. ziehen lassen. Das verleiht den eigentlich geschmacksneutralen Konjakprodukten Würze und Geschmack.

Obwohl bei der Konjakzubereitung also kaum etwas schiefgehen kann, sollten Reis- und Pastafreunde Folgendes beachten: Da Konjakprodukte mehr Wasser enthalten als normaler Reis bzw. Pasta, wird ihre Konsistenz oft als »glibberig« empfunden. Wer das nicht möchte, brät die abgespülten Konjakprodukte erst für wenige Minuten in einer Pfanne an, bevor er sie in die Sauce gibt.

Diese Low-Carb-Basics sollten im Küchenschrank nicht fehlen

Unsere leckeren Low-Carb-Rezepte für den Thermomix® lassen sich in meist nur 15 bis 35 Min. zubereiten. Selbstverständlich kommen dabei viele frische Zutaten wie Gemüse und Fleisch zum Einsatz, die bei einer ausgewogenen Ernährung nicht fehlen dürfen. Damit das Kochen im Alltag reibungslos klappt, sollten ein paar Basic-Zutaten, die sich gut halten, am besten immer zu Hause vorrätig sein. So lassen sich auch mal spontan aus einigen frischen Zutaten und dem Vorrat köstliche Low-Carb-Mahlzeiten zaubern.
Zu unseren Basics gehören:

Fette und Öle

- Olivenöl
- Butter
- Kokos- oder Rapsöl

Gewürze und getrocknete Kräuter

- Pfeffer
- Salz
- Muskat
- Kümmel
- Paprikapulver
- Chilipulver
- Curry
- Basilikum
- Salbei
- Oregano
- Thymian

Würzmittel

- Sojasauce
- Senf
- Balsamicoessig
- Apfelessig
- Zitronensaft
- Zwiebeln
- Knoblauch
- Ingwer

Low-Carb-Süßungsmittel

- Xylit
- Erythrit
- Flüssigsüßstoff

Übrigens: Fertige Saucen und Dressings gehören nicht in die Liste der Low-Carb-Basics! Denn sie sind meist alles andere als kohlenhydratarm. Genau wie andere Fertiggerichte auch enthalten sie oft viel Zucker und dazu noch Konservierungsstoffe und andere Zusätze.

Gut für den Vorrat eignen sich noch folgende kohlenhydratarme Lebensmittel:

- Dosentomaten
- Tiefkühlfisch
- Thunfisch
- Tiefkühlobst
- Tiefkühlgemüse
- Kichererbsen und Bohnen
- Kokosmehl
- Gemahlene Mandeln oder Nüsse
- Ganze Nüsse

Tipps für den praktischen Umgang mit dem Thermomix®

Kräuter zerkleinern

Beim Zerkleinern von Kräutern mit dem Thermomix® sollten Sie darauf achten, dass die Kräuter möglichst trocken sind. Am besten vorher noch etwas klein zupfen und bei mindestens **Stufe 5** auf das laufende Messer einrieseln lassen. Auch der Mixtopf sollte trocken sein.

Dünsten und Garen im Varoma

- Beim Garen im Varoma ist zu beachten, dass ausreichend Schlitze frei bleiben, damit der Dampf gut durchziehen kann. Hierfür können Sie zum Beispiel Besteck unter das Gemüse legen, wenn Sie eine große Menge dünsten.
- Um zu vermeiden, dass etwa Eiweiß von Fisch oder Fleisch beim Dünsten aus dem Varoma nach unten in den Mixtopf tropft, empfiehlt sich, Backpapier auf die Größe des Varoma zurechtzuschneiden und unter das Gargut zu legen. Zur Verbesserung der Dampfdurchlässigkeit können Sie das Backpapier vor dem Einlegen nass machen und gut auswringen.

Energie sparen

- Wenn Sie das benötigte Wasser, zum Beispiel zum Dünsten im Varoma oder zum Kochen von Kartoffeln im Garkörbchen, vorher im Wasserkocher aufkochen und dann in den Mixtopf füllen, verkürzt sich die Aufheizzeit, und das spart Energie.
- Umso kleiner die Fleischbällchen oder die Gemüsestücke sind, die Sie in den

Varoma einlegen, desto schneller sind sie gar und umso weniger Energie benötigt der Kochvorgang.

Das Entfernen von Anbrennresten

Anbrennspuren im Mixtopf können Sie ganz einfach entfernen: Halbieren Sie eine Zitrone, geben Sie sie in den Mixtopf und zerkleinern Sie sie **15 Sek./Stufe 8**. Kochen Sie in einem Wasserkocher Wasser auf, füllen Sie es in den Mixtopf und lassen das Ganze 10 Min. einwirken. Oder Sie geben das nicht erhitzte Wasser zur zerkleinerten Zitrone in den Mixtopf und lassen alles **10 Min./100 °C/Stufe 1** aufkochen. Danach leeren Sie den Mixtof und können die Anbrennreste mit einem Schwamm oder Küchentuch entfernen.

Zum Umgang mit diesem Buch

Die nachfolgenden Rezeptideen zeigen Ihnen, wie Sie in kurzer Zeit frische und leckere Low-Carb-Gerichte im Thermomix® vor- und zubereiten können.

Für Hauptgerichte, die nur mit dem Thermomix® zubereitet werden, bei denen also weder Backofen noch Mikrowelle oder Pfanne zusätzlich benötigt werden, finden Sie folgende Hinweise:
One Pot: Zubereitung nur im Mixtopf (hinzu kommen evtl. noch ein Gefäß oder eine Schüssel zum Umfüllen).
All in one: Zubereitung nur in Mixtopf und Varoma (hinzu kommen evtl. noch ein Gefäß oder eine Schüssel zum Umfüllen).
Bei jedem Rezept finden Sie Angaben zu den Nährwerten und der Zubereitungsdauer:

- kcal steht für Kilokalorien,
- KH für Kohlenhydrate,
- P für Protein,
- F für Fett.

Außerdem sind vegetarische, vegane und glutenfreie Rezepte übersichtlich gekennzeichnet:

- vegetarisch
- vegan
- glutenfrei

Glutenfrei: Bitte achten Sie bei Ihren Produkten immer auf das Etikett, besonders bei Schokolade, Käse, Gemüsebrühe, Eiweißpulver, Kakaopulver, Gewürzen etc. Auch wenn diese Zutaten meist frei von Gluten sind, können von den Herstellern bestimmte Zusätze verwendet werden, die nicht glutenfrei sind.
Ich wünsche Ihnen gutes Gelingen und guten Appetit!

SALATE

Schneller Eisbergsalat

VERZEHRFERTIG IN **10 Min.**

Für 2 Portionen
Pro Portion: 173 kcal/7,1 g KH/3,8 g P/13,1 g F
vegetarisch/glutenfrei

250 g Eisbergsalat
150 g Salatgurke
1 Karotte (ca. 100 g)
1 EL Sonnenblumenkerne
1 EL Olivenöl
2 EL Essig, z. B. weißer Balsamico
½ TL Senf
½ TL Erythrit
2 EL Sahne (alternativ: Milch)
Salz, Pfeffer

1. Eisbergsalat waschen, putzen und in groben Stücken in den Mixtopf geben.
2. Gurke waschen, eventuell schälen, putzen und in groben Stücken oder Scheiben hinzufügen.
3. Karotte putzen, schälen, in grobe Stücke schneiden und in den Mixtopf geben, die restlichen Zutaten einfüllen und alles **3 Sek./Stufe 4** zerkleinern. Vorgang eventuell noch einmal wiederholen, bis alle groben Stücke zerkleinert sind.
4. Den Salat in eine Schüssel umfüllen und gut durchrühren, dann mit den Gewürzen nochmals abschmecken.

Thunfischsalat mit Rucola und Avocado

VERZEHRFERTIG 10 Min.

Für 2 Portionen
Pro Portion: 462 kcal/4,8 g KH/40,3 g P/30,2 g F
glutenfrei

150 g Rucola
1 Avocado (ca. 150 g Fruchtfleisch)
1 Schalotte oder kleine Zwiebel
1 Stängel Basilikum
250 g Thunfisch im eigenen Saft aus der Dose
50 g Gemüsebrühe
1 TL Olivenöl
2 EL Mayonnaise
1 Prise Erythrit
Salz, Pfeffer

1. Rucola verlesen, waschen, abtropfen lassen oder trocken schleudern und in eine Schüssel füllen.
2. Avocado schälen, entkernen, das Fruchtfleisch grob würfeln und ebenfalls in die Schüssel geben.
3. Den Thunfisch in ein Sieb abgießen, dabei den Saft für das Dressing auffangen. Thunfischstücke zu Rucola und Avocado geben.
4. Schalotte abziehen und in den Mixtopf geben.
5. Basilikum waschen, trocken schütteln, Blätter abzupfen, in den Mixtopf füllen und alles **3 Sek./Stufe 5** hacken. Die Reste am Mixtopfrand mit dem Spatel nach unten schieben.
6. Thunfischsaft, Gemüsebrühe, Olivenöl, Mayonnaise, Erythrit, Salz und Pfeffer in den Mixtopf füllen und alles **10 Sek./Stufe 3** zu einem Dressing mixen.
7. Das Dressing über den Salat gießen, alles gut vermischen und nochmals mit den Gewürzen abschmecken.

Blumenkohlsalat

VERZEHRFERTIG IN 30 Min.

Für 2 Portionen
Pro Portion: 199 kcal/10,6 g KH/10,7 g P/11,7 g F
vegetarisch/glutenfrei

25 g Mayonnaise
100 g griechischer Joghurt
1 EL Schnittlauchröllchen
2 EL Essig, z. B. weißer Balsamico
Salz, Pfeffer
1 Prise Erythrit
50 g Essiggurken
500 g Blumenkohlröschen
500 g Wasser
1 Handvoll Eiswürfel + kaltes Wasser

1. Mayonnaise, Joghurt, Schnittlauchröllchen, Essig, Salz, Pfeffer und Erythrit in den Mixtopf füllen und **10 Sek./Linkslauf/Stufe 3** vermischen.
2. Essiggurken hinzufügen und **3 Sek./Stufe 5** zerkleinern. Das Dressing in eine Salatschüssel umfüllen und den Mixtopf säubern. (Alternativ Essiggurken in dünne Scheiben schneiden und **10 Sek./Linkslauf/Stufe 1** in das Dressing einrühren.)
3. Blumenkohlröschen putzen, waschen, trocken tupfen und klein schneiden. Dann in dem Varoma und auf dem Varomaeinlegeboden verteilen.
4. Wasser und 1 Prise Salz in den Mixtopf füllen, Mixtopfdeckel schließen, Varoma aufsetzen und Blumenkohl **20 Min./Varoma/Stufe 2** garen.
5. Eiswürfel mit kaltem Wasser in eine große Schüssel füllen. Den gegarten Blumenkohl zum Abschrecken in die Schüssel mit dem Eiswasser schütten. Dann abseihen und zum Dressing hinzufügen. Alles gut durchmischen und nochmals mit den Gewürzen abschmecken.

Radieschen-Gurken-Salat

VERZEHRFERTIG IN
10 Min.

Für 2 Portionen
Pro Portion: 218 kcal/10,7 g KH/9,8 g P/14,4 g F
vegetarisch/glutenfrei

1 Knoblauchzehe
2 Stängel Dill
200 g griechischer Joghurt
50 g Feta (optional)
Salz, Pfeffer
1 EL Essig, z. B. weißer Balsamico
1 Prise Erythrit
1 Bund Radieschen (ca. 180 g)
1 Salatgurke (ca. 400 g)

1. Knoblauchzehe abziehen und in den Mixtopf geben.
2. Dill waschen, trocken schütteln und klein zupfen. Zum Knoblauch geben und **3 Sek./Stufe 6** zerkleinern. Die Reste am Mixtopfrand mit dem Spatel nach unten schieben.
3. Joghurt, zerkrümelten Feta, Salz, Pfeffer, Essig und Erythrit hinzufügen und **5 Sek./Stufe 5** vermischen.
4. Radieschen waschen, putzen, in Scheiben schneiden und in eine Salatschüssel füllen.
5. Salatgurke putzen, waschen, eventuell schälen und gleichfalls in Scheiben schneiden bzw. hobeln. Dann ebenfalls in die Schüssel geben. Salat mit dem Dilldressing übergießen, alles gut vermischen und nochmals mit den Gewürzen abschmecken.

Garnelen-Avocado-Salat

VERZEHRFERTIG
15 Min.

Für 2 Portionen
Pro Portion: 318 kcal/2,7 g KH/9 g P/29,9 g F
glutenfrei

- 125 g Garnelen, küchenfertig
- 1 Knoblauchzehe
- 3 TL Olivenöl
- 1 EL Zitronensaft
- Salz, Pfeffer
- ½ kleine rote Zwiebel
- 3 Stängel Petersilie
- 50 g Gemüsebrühe
- 1 EL Mayonnaise
- 1 Avocado
  (ca. 150 g Fruchtfleisch)
- 60 g Salatgurke

1. Garnelen waschen und trocken tupfen.
2. Knoblauch abziehen, mit 2 TL Olivenöl, Zitronensaft, Salz und Pfeffer in den Mixtopf geben und **3 Sek./Stufe 5** hacken. In eine Schüssel umfüllen und die Garnelen darin 5 Min. marinieren lassen. Mixtopf säubern.
3. Rote Zwiebel abziehen und in den Mixtopf geben.
4. Petersilie waschen, trocken schütteln, klein zupfen und zur Zwiebel geben. Alles **5 Sek./Stufe 5** zerkleinern.
5. Gemüsebrühe, Mayonnaise und das restliche Olivenöl hinzufügen und **5 Sek./Stufe 3** vermischen. Mit Salz und Pfeffer abschmecken und Dressing in eine Salatschüssel umfüllen.
6. Die Garnelen in einer Pfanne bei mittlerer Temperatur unter mehrmaligem Wenden 4–6 Min. braten.
7. Währenddessen die Avocado schälen, entkernen und das Fruchtfleisch in Würfel schneiden.
8. Gurke putzen, waschen, schälen und in Würfel schneiden. Dann mit der Avocado zum Dressing in die Salatschüssel geben.
9. Zuletzt die Garnelen hinzufügen, den Salat gut vermischen und mit den Gewürzen nochmals abschmecken.

Tipp:
Mit frisch gehackter Petersilie bestreuen.

Tomaten-Avocado-Salat

VERZEHRFER
10 Min.

Für 2 Portionen
Pro Portion: 247 kcal/5,9 g KH/3,6 g P/22,6 g F
vegan/glutenfrei

1 Schalotte
2 TL Öl, z. B. Olivenöl
½ TL getrocknetes Basilikum
1 Avocado (ca. 150 g Fruchtfleisch)
3 Tomaten (ca. 400 g)
Saft 1 Limette
Salz, Pfeffer
½ TL Erythrit

1. Schalotte abziehen, halbieren und in den Mixtopf geben, dann **3 Sek./Stufe 5** zerkleinern.
2. 1 TL Öl und Basilikum hinzufügen und **3 Min./Varoma/Stufe 1** andünsten.
3. Währenddessen die Avocado schälen, entkernen, das Fruchtfleisch grob würfeln und in eine Salatschüssel füllen.
4. Tomaten waschen, abtrocknen, den Strunk entfernen und das Fruchtfleisch erst in Scheiben schneiden und diese dann vierteln. Zu den Avocadostücken in die Schüssel geben.
5. Das restliche Öl, Limettensaft, Salz, Pfeffer und Erythrit in den Mixtopf geben und **10 Sek./Stufe 2** verrühren.
6. Dressing über den Salat gießen, alles gut vermischen und nochmals mit den Gewürzen abschmecken.

Zucchini-Sellerie-Cremesuppe

Für 2 Portionen
Pro Portion: 121 kcal/8,1 g KH/5,3 g P/6,9 g F
vegetarisch/glutenfrei

VERZEHRFERTIG IN **25 Min.**

1 Knoblauchzehe
1 Zucchini (ca. 400 g)
100 g Knollensellerie
450 g Gemüsebrühe
50 g Schmand
Salz, Pfeffer
gemahlene Muskatnuss

1. Knoblauchzehe abziehen, in den Mixtopf geben und **2 Sek./Stufe 5** zerkleinern.
2. Zucchini und Knollensellerie waschen, putzen und in groben Stücken in den Mixtopf geben, dann **5 Sek./Stufe 5** hacken.
3. Gemüsebrühe hinzufügen und alles **15 Min./100 °C/Stufe 1** köcheln lassen.
4. Als Nächstes den Schmand dazugeben und Suppe **30 Sek./Stufe 4–10** schrittweise ansteigend zu einer sämigen Suppe pürieren.
5. Mit Salz, Pfeffer und Muskatnuss abschmecken.

Brokkolicremesuppe

VERZEHRFERTIG
20 Min.

Für 2 Portionen
Pro Portion: 94 kcal/6,2 g KH/5,9 g P/4 g F
vegetarisch/glutenfrei

1 kleine Zwiebel oder Schalotte
1 Knoblauchzehe
250 g Brokkoliröschen
1 TL Öl, z. B. Olivenöl
800 g Wasser
1 EL Frischkäse
Salz, Pfeffer
gemahlene Muskatnuss
Mandelblättchen zum Garnieren

1. Zwiebel und Knoblauchzehe abziehen, Zwiebel halbieren, alles in den Mixtopf geben und **5 Sek./Stufe 5** zerkleinern.
2. Brokkoliröschen waschen, trocken tupfen und in den Mixtopf geben. Dann **5 Sek./Stufe 5** zerkleinern, eventuell Vorgang noch einmal wiederholen, bis alle groben Stücke zerkleinert sind. Reste am Mixtopfrand mit dem Spatel nach unten schieben.
3. Öl in den Mixtopf geben und alles **5 Min./Varoma/Stufe 1** andünsten.
4. Wasser einwiegen und Gemüse **12 Min./100 °C/Stufe 2** kochen.
5. Frischkäse dazugeben und Suppe **30 Sek./Stufe 4–10** schrittweise ansteigend sämig pürieren.
6. Mit Salz, Pfeffer und Muskatnuss abschmecken. Zum Servieren in Teller füllen und mit Mandelblättchen garnieren.

Kürbis-Blumenkohl-Suppe

VERZEHRFERTIG 30 Min.

Für 2 Portionen
Pro Portion: 262 kcal/27,5 g KH/15,6 g P/9,1 g F
glutenfrei

1 Schalotte oder ½ Zwiebel
150 g Blumenkohl
1 TL Butter
350 g Kürbis, z. B. Hokkaido
450 g Gemüsebrühe
½ TL Currypulver
Salz, Pfeffer
60 g Mozzarella
75 g Garnelen, küchenfertig

1. Schalotte abziehen, halbieren und in den Mixtopf geben.
2. Blumenkohl putzen, waschen und in groben Stücken zur Schalotte geben. Alles **5 Sek./Stufe 5** zerkleinern.
3. Butter hinzufügen und Gemüse **3 Min./Varoma/Stufe 1** dünsten.
4. Währenddessen Kürbis waschen, bei Bedarf schälen, entkernen und das Fruchtfleisch in grobe Stücke schneiden. Zusammen mit der Gemüsebrühe und den Gewürzen in den Mixtopf füllen. **15 Min./100 °C/Stufe 2** köcheln lassen, dann **45 Sek./Stufe 2–9** (je nach gewünschter Konsistenz) aufsteigend pürieren. Noch einmal mit den Gewürzen abschmecken.
5. Mozzarella abtropfen lassen und in Stücke schneiden. Suppe mit den Garnelen und mit Mozzarellastückchen garniert servieren.

Tipp:
Mit frisch gehackten Kräutern bestreuen.

Bunte Minestrone

VERZEHRFERTIG
30 Min.

Für 2 Portionen
Pro Portion: 110 kcal/13,3 g KH/4,5 g P/3,2 g F
vegan/glutenfrei

1 Zwiebel
1 Tomate (ca. 100 g)
1 TL Öl, z. B. Olivenöl
100 g Zucchini
1 rote Paprika (ca. 150 g)
½ Lauch
500 g Gemüsebrühe
1 EL Tomatenmark
Salz, Pfeffer
Paprikapulver, edelsüß oder rosenscharf nach Belieben

1. Zwiebel abziehen, halbieren und in den Mixtopf geben.
2. Tomate waschen, putzen, vierteln und zur Zwiebel geben. Dann alles **5 Sek./Stufe 5** zerkleinern.
3. Öl hinzufügen und Gemüse **3 Min./Varoma/Stufe 1** andünsten.
4. Währenddessen Zucchini, Paprika und Lauch waschen und putzen. Zucchini der Länge nach halbieren und in Scheiben schneiden. Paprika in kleine Stücke und Lauch in Ringe schneiden.
5. Gemüse in den Mixtopf geben, Gemüsebrühe und Tomatenmark mit den Gewürzen hinzufügen und alles **18 Min./100 °C/Linkslauf/Stufe 1** köcheln lassen.
6. Vor dem Servieren noch einmal mit den Gewürzen abschmecken.

Tipp:
Mit frischem Basilikum und einem Klecks saurer Sahne oder Sojacreme servieren.

Kohlrabi-Karotten-Suppe

VERZEHRFERTIG 30 Min.

Für 2 Portionen
Pro Portion: 170 kcal/14,3 g KH/5,8 g P/8,5 g F
vegetarisch/glutenfrei

1 Zwiebel
3 Stängel Petersilie
1 TL Butter
400 g Kohlrabi
1 Karotte (ca. 100 g)
450 g Gemüsebrühe
Salz, Pfeffer
50 g Kochsahne

1. Zwiebel abziehen, halbieren und in den Mixtopf geben.
2. Petersilie waschen, trocken schütteln, klein zupfen und zur Zwiebel geben. Alles **5 Sek./Stufe 5** zerkleinern.
3. Butter in den Mixtopf hinzufügen und alles **3 Min./Varoma/Stufe 1** andünsten.
4. Kohlrabi putzen, schälen und in groben Stücken in den Mixtopf geben, dann **5 Sek./Stufe 5** zerkleinern. Reste am Mixtopfrand mit dem Spatel nach unten schieben und alles **3 Min./Varoma/Stufe 1** dünsten.
5. Karotte putzen, schälen und in Scheiben schneiden. Mit der Gemüsebrühe und den Gewürzen in den Mixtopf füllen und alles **15 Min./100 °C/Stufe 1** köcheln lassen.
6. Am Ende der Garzeit die Sahne hinzufügen und Suppe je nach gewünschter Konsistenz **30 Sek./Stufe 2–9** aufsteigend pürieren. Noch einmal mit den Gewürzen abschmecken.

DIPS, PESTO UND AUFSTRICHE

Avocado-Spinat-Dip

VERZEHRFERTIG IN 7 Min.

Für 3 Portionen
Pro Portion: 120 kcal/1,6 g KH/1,8 g P/11,8 F
vegan/glutenfrei

50 g Babyspinat
½ Avocado (ca. 75 g Fruchtfleisch)
300 g Kokosmilch, z. B. light
½ TL Chiliflocken (optional)
1 Spritzer Zitronensaft
Salz, Pfeffer
1 Stängel Minze

1. Babyspinat verlesen, waschen und abtropfen lassen.
2. Avocado schälen und entkernen.
3. Alle Zutaten außer der Minze in den Mixtopf geben und **15 Sek./Stufe 8** vermischen.
4. Dip mit Salz und Pfeffer abschmecken.
5. Minze waschen, trocken schütteln und die Blätter abzupfen. Einen Teil davon als Dip-Garnitur verwenden, den Rest nach Belieben grob hacken und untermischen.

Karotten-Mandel-Pesto

VERZEHRFERTIG IN 5 Min.

Für 5 Portionen
Pro Portion: 162 kcal/1,4 g KH/3,3 g P/25,6 g F
vegetarisch/glutenfrei

1 Karotte (ca. 100 g)
2 Stängel Petersilie
30 g Mandeln
20 g Parmesan
60 g Olivenöl
½ TL Erythrit
3 EL Essig, z. B. weißer Balsamico
Salz, Pfeffer
gemahlene Kurkuma

1. Karotte putzen, schälen und in groben Stücken in den Mixtopf geben.
2. Petersilie waschen, trocken schütteln, klein zupfen und zusammen mit Mandeln und Parmesan zu den Karotten hinzufügen. **Nun 10 Sek./Stufe 9** zerkleinern. Reste am Mixtopfrand mit dem Spatel nach unten schieben.
3. Olivenöl, Erythrit, Essig und Gewürze hinzugeben und alles **20 Sek./Stufe 4** zu einem Pesto vermengen.
4. Vor dem Servieren noch einmal mit den Gewürzen abschmecken.

Tipp:

Kann als Dip, Aufstrich oder auch als leckere Sauce für Zoodles verwendet werden.

Ei-Aufstrich

VERZEHRFERTIG IN 5 Min.

Für 2 Portionen
Pro Portion: 262 kcal/1,4 g KH/6,9 g P/25,8 g F
vegetarisch/glutenfrei

2 Eier, hart gekocht
50 g Mayonnaise
½ TL (Dijon-)Senf
1 EL Schnittlauchröllchen
Salz, Pfeffer

1. Eier schälen, halbieren und **3 Sek./Stufe 3** im Mixtopf grob zerkleinern. Reste am Mixtopfrand mit dem Spatel nach unten schieben.
2. Restliche Zutaten hinzufügen und **10 Sek./Linkslauf/Stufe 1** vermischen.
3. Mit Salz und Pfeffer abschmecken.

Tomaten-Feta-Creme

VERZEHRFERTIG IN
5 Min.

Für 3 Portionen
Pro Portion: 167 kcal/12,9 g KH/17,9 g P/12,9 g F
vegetarisch/glutenfrei

125 g Feta, z. B. light
140 g getrocknete Tomaten in Öl
50 g Frischkäse
Salz, Pfeffer

1. Feta in grobe Stücke schneiden.
2. Getrocknete Tomaten aus dem Glas holen und mit den Fetastücken sowie dem Frischkäse in den Mixtopf füllen, dann **10 Sek./Stufe 6** zerkleinern. Reste am Mixtopfrand mit dem Spatel nach unten schieben und den Vorgang so oft wiederholen, bis die gewünschte cremige Konsistenz erreicht ist. Sollte die Masse zu fest sein, einfach etwas Öl von den Tomaten dazugeben.
3. Creme mit Salz und Pfeffer abschmecken.

Tipp:
Mit Gemüse oder Low-Carb-Brot servieren.

FRÜHSTÜCK UND SÜSSSPEISEN

Falscher Milchreis

VERZEHRFERTIG IN **15 Min.**

Für 2 kleine Portionen
Pro Portion: 16 kcal/0,1 g KH/0,3 g P/0,8 g F
vegan/glutenfrei

200 g Konjakreis (Shiratakireis)
120 g Mandelmilch, ungesüßt
25 g Erythrit
1 Prise Salz
½ TL gemahlener Zimt + etwas zum Garnieren
1 Msp. Guarkernmehl

1. Konjakreis laut Packungsanleitung vorbereiten (durchspülen und abseihen).
2. Mandelmilch, Erythrit, Salz, Zimt und Guarkernmehl in den Mixtopf geben und erst **5 Sek./Stufe 4** vermischen, dann **2 Min./100 °C/Stufe 1** aufkochen lassen.
3. Konjakreis hinzufügen und **3 Min./90 °C/Linkslauf/Stufe 1** köcheln lassen, bis die Masse zu stocken beginnt.
4. In 2 kleine Gläser oder Schüsseln umfüllen, 5 Min. quellen lassen und nach Belieben mit Zimt garnieren

Syrniki (Russische Quarkpfannkuchen)

VERZEHRFERTIG IN 10 Min.

Für 6 Pancakes/2 Portionen
Pro Portion: 256 kcal/8,9 g KH/26 g P/10,1 g F
vegetarisch/glutenfrei

200 g körniger Frischkäse
1 Ei
1 TL Butter-Vanille-Aroma (optional)
25 g Kokosmehl
25 g Süßlupinenmehl + 10 g zum Panieren (alternativ: Mandelmehl)
1 Prise Salz
30 g Erythrit
1 TL Kokosöl
125 g Heidelbeeren

1. Den Frischkäse mithilfe eines Küchentuchs gut ausdrücken, bis kaum mehr Flüssigkeit enthalten ist. Dann zusammen mit Ei und Butter-Vanille-Aroma in den Mixtopf geben und **10 Sek./Stufe 3** vermischen.
2. Kokosmehl, Süßlupinenmehl, Salz und Erythrit hinzufügen und **20 Sek./Stufe 3** vermischen.
3. Kokosöl in einer Pfanne erhitzen. Mit feuchten Händen 6 Pancakes formen, diese beidseitig in Süßlupinenmehl wenden und dann im Kokosöl von beiden Seiten ca. 1–2 Min. bei mittlerer Hitze goldbraun herausbraten.
4. Heidelbeeren waschen und abtropfen lassen.
5. Syrniki mit den Heidelbeeren garniert servieren.

Tipp:

Zum Servieren mit Puder-Erythrit bestreuen.

Mandelbrei mit Zimt

VERZEHRFERTIG IN
15 Min.

Für 1 Portion
Pro Portion: 346 kcal/2,6 g KH/16 g P/30,8 g F
vegan/glutenfrei

50 g Mandeln
300 g Mandelmilch
2 EL Erythrit
1 TL Guarkernmehl
Zimt nach Belieben
1 TL gehackte Mandeln

1. Mandeln in den Mixtopf geben und **8 Sek./Stufe 8** fein mahlen.
2. Mandelmilch und Erythrit hinzufügen und **15 Sek./Stufe 3** verrühren. Dann **6 Min./100 °C/Stufe 2** aufkochen lassen. Guarkernmehl nach 1 Min. durch die Mixtopföffnung einrieseln lassen.
3. Brei mit Zimt nach Belieben und gegebenenfalls noch etwas mehr Erythrit abschmecken.
4. Mandelbrei in eine Schüssel füllen, 5 Min. quellen lassen und mit gehackten Mandeln bestreuen.

Heidelbeer-Crumble

VERZEHRFERTIG IN 15 Min.

Für 2 Portionen
Pro Portion: 526 kcal/14 g KH/22,6 g P/37,9 g F
vegan/glutenfrei

250 g Heidelbeeren
1 TL Zimt
60 g Mandelmehl
60 g Kokosmehl
1 Prise Salz
60 g Erythrit
60 g Kokosöl, fest, Zimmertemperatur

1. Backofen auf 210 °C Ober-/Unterhitze vorheizen.
2. Heidelbeeren verlesen, waschen und mit Küchenpapier trocken tupfen. Dann in eine hitzebeständige Form (ø 15 cm) füllen, mit einer Gabel leicht andrücken, bis Saft austritt, und mit Zimt bestreuen.
3. Mandelmehl, Kokosmehl, Salz, Erythrit und Kokosöl in den Mixtopf geben und **8 Sek./Stufe 6** vermengen.
4. Die Streusel eventuell mit den Händen noch etwas nachkneten und über die Heidelbeeren streuen.
5. Form in den Backofen schieben und Crumble in 10–12 Min. goldbraun backen. Sollten die Streusel zu dunkel werden, mit Alufolie abdecken.

Kokos-Porridge

VERZEHRFERTIG 12 Min.

Für 1 Portion
Pro Portion: 448 kcal/9,3 g KH/5,1 g P/43,1 g F
vegan/glutenfrei

50 g Kokosraspel
200 g Kokosmilch, z. B. light
2 EL Erythrit
1 Handvoll Beeren nach Belieben, z. B. Himbeeren und Erdbeeren

1. Kokosraspel, Kokosmilch und Erythrit in den Mixtopf geben und **5 Min./100 °C/ Linkslauf/Stufe 1** aufkochen.
2. In der Zwischenzeit Beeren verlesen, waschen und mit Küchenpapier trocken tupfen.
3. Kokos-Porridge in eine Schüssel füllen, 5 Min. quellen lassen und mit den Beeren garnieren.

Pancakes mit Beeren

VERZEHRFERTIG
20 Min.

Für ca. 6 Pancakes/2 Portionen
Pro Portion: 241 kcal/11,1 g KH/17,6 g P/12,6 g F
vegetarisch/glutenfrei

1 EL Kokosöl, flüssig
160 g Milch
1 Ei
50 g Mandelmehl
1 EL Erythrit
1 TL Backpulver
1 Prise Salz
100 g gemischte Beeren, z. B. Himbeeren und Heidelbeeren
1 TL Puder-Erythrit (optional)
Kokosöl zum Herausbraten der Pancakes

1. Kokosöl, Milch und Ei in den Mixtopf geben und **30 Sek./Stufe 4** vermischen.
2. Mandelmehl, Erythrit, Backpulver und Salz hinzufügen und **20 Sek./Stufe 3** vermengen.
3. Eine oder mehrere Pfannen auf mittlerer Stufe mit etwas Kokosöl erhitzen. 2 Esslöffel des Pancaketeigs in die Mitte jeder Pfanne geben und mit der Löffelunterseite mit kreisenden Bewegungen verteilen, bis der Pancake einen Durchmesser von etwa 10 cm hat. Nach etwa 1 Min. Pancake mit einem Pfannenwender umdrehen und in 1 weiteren Min. fertig braten. Mit dem restlichen Teig ebenso verfahren.
4. Die Beeren verlesen, waschen und mit Küchenpapier trocken tupfen.
5. Pancakes nach Belieben mit Puder-Erythrit bestreuen und mit den Beeren servieren.

Mikrowellenbrot

Für 1 Portion
Pro Portion: 379 kcal/12,8 g KH/38,8 g P/16,8 g F
vegetarisch/glutenfrei

VERZEHRFERTIG IN **10 Min.**

2 Eier
200 g Frischkäse
2 TL Backpulver
2 gehäufte EL Goldleinsamenmehl
1 Prise Salz

1. Alle Zutaten in den Mixtopf geben und **15 Sek./Stufe 4** verquirlen. Teig in eine mikrowellenfeste Form füllen (die Form sollte so groß sein, dass sie zur Hälfte gefüllt ist).
2. Brot bei 500 Watt etwa 5 Min. in der Mikrowelle backen, dann abkühlen lassen und genießen.

Tipp:

Falls Sie keine Mikrowelle haben, können Sie das Brot auch im vorgeheizten Backofen bei 160 °C Umluft etwa 10 Min. backen.
Dazu schmeckt zum Beispiel die Tomaten-Feta-Creme von Seite 44.

Fetabällchen mit Nusskruste

VERZEHRFERTIG
12 Min.

Für 2 Portionen
Pro Portion: 396 kcal/8,3 g KH/29 g P/27,4 g F
vegetarisch/glutenfrei

60 g Nüsse, z. B. Haselnüsse, Walnüsse oder Mandeln
¼ Bund Schnittlauch
150 g Feta
2 EL Kräuterfrischkäse
½ TL frisch gemahlener Pfeffer + etwas für den Quark
2 Stängel Petersilie
1 Schalotte
150 g Quark
2 EL Naturjoghurt
Salz

1. Nüsse in den Mixtopf geben und **5 Sek./Stufe 7** grob zerkleinern. In einen tiefen Teller umfüllen.
2. Schnittlauch waschen, trocken schütteln, klein zupfen und in den Mixtopf geben.
3. Feta in Stücken hinzufügen und alles **5 Sek./Stufe 7** zerkleinern. Reste am Mixtopfrand mit dem Spatel nach unten schieben.
4. Frischkäse und Pfeffer dazugeben und **20 Sek./Linkslauf/Stufe 2** vermischen.
5. Aus der Masse kleine Bällchen mit einem Durchmesser von ca. 3 cm formen. Diese in den gehackten Nüssen wälzen. Die Nusspanade falls nötig mit den Händen noch etwas andrücken bzw. einkneten. Den Mixtopf säubern.
6. Petersilie waschen, trocken schütteln, klein zupfen und in den Mixtopf geben.
7. Schalotte abziehen, zur Petersilie hinzufügen und alles **5 Sek./Stufe 5** zerkleinern.
8. Quark, Joghurt, Salz und Pfeffer hinzufügen und **15 Sek./Linkslauf/Stufe 2** vermischen.
9. Fetabällchen mit dem Kräuterquark servieren.

Tomaten mit Lachscremefüllung

VERZEHRFERTIG
10 Min.

Für 2 Portionen
Pro Portion: 265 kcal/9,5 g KH/24,2 g P/13,9 g F
glutenfrei

4 Tomaten (ca. 400 g)
150 g Räucherlachs in Scheiben
150 g Frischkäse
2 EL Schmand
1 TL Sahnemeerrettich
Salz, Pfeffer

1. Tomaten waschen, abtrocknen, oben einen Deckel abschneiden und die Tomaten aushöhlen.
2. Die restlichen Zutaten in den Mixtopf geben und **10 Sek./Stufe 5** vermengen.
3. Lachscreme in die Tomaten einfüllen und die Deckel jeweils wieder aufsetzen.

Tipps:

Noch schneller geht es, wenn Sie die Tomaten in dicke Scheiben schneiden und die Lachscreme einfach daraufstreichen.
Wenn es besonders hübsch aussehen soll, Tomaten mit Salatblättern und Oliven auf Tellern anrichten.

Omelett-Wraps

VERZEHRFERTIG IN 20 Min.

Für 2 Portionen
Pro Portion: 291 kcal/4,5 g KH/18,9 g P/21,5 g F
glutenfrei

2 große Blätter Eisbergsalat
½ Avocado (ca. 80 g Fruchtfleisch)
1 EL Zitronensaft
4 Eier
100 g Frischkäse
½ TL Flohsamenschalenpulver
Salz, Pfeffer
1 TL Butterschmalz oder Öl
50 g Kochschinken, in dünnen Scheiben

1. Eisbergsalat waschen, trocken schütteln und in kleine Stücke rupfen.
2. Avocado halbieren, den Kern entnehmen und die Schale entfernen. Dann das Fruchtfleisch in dünne Scheiben schneiden und mit Zitronensaft beträufeln.
3. Die Eier mit 50 g Frischkäse, Flohsamenschalenpulver, Salz und Pfeffer in den Mixtopf geben und **45 Sek./Stufe 3** vermengen.
4. In einer Pfanne Butterschmalz erhitzen und aus dem Teig 2 möglichst dünne Wraps backen.
5. Die Wraps mit dem restlichen Frischkäse bestreichen. Dann mittig den Eisbergsalat darauf verteilen. Die Schinken- und die Avocadoscheiben darauflegen. Zum Aufwickeln eine Seite nach innen einschlagen. Dann Wraps um 90° drehen und fest zusammenrollen.

Rote Bete mit Fetacreme

VERZEHRFERTIG 10 Min.

Für 2 Portionen
Pro Portion: 267 kcal/12,7 g KH/14 g P/17,6 g F
vegetarisch/glutenfrei

350 g Rote Bete, gekocht, vakuumiert
2 Stängel Petersilie
100 g Feta, z. B. light
80 g Schmand
1 Prise frisch gemahlener Pfeffer
1 EL Walnusskerne

1. Rote Bete in 5 mm dicke Scheiben schneiden und auf einem Servierteller verteilen.
2. Petersilie waschen, trocken schütteln, klein zupfen und in den Mixtopf geben.
3. Feta hinzubröseln und alles **5 Sek./Stufe 5** zerkleinern.
4. Schmand und Pfeffer zugeben und **10 Sek./Stufe 2** verrühren.
5. Fetacreme auf den Rote-Bete-Scheiben verteilen und Mixtopf säubern.
6. Walnusskerne in den Mixtopf geben und **3 Sek./Stufe 7** hacken, dann über die Rote-Bete-Häppchen streuen.

Tipp:
Auf frischen Salatblättern servieren.

HAUPTGERICHTE VEGETARISCH UND VEGAN

Ratatouillegemüse

ONE POT
Für 2 Portionen
Pro Portion: 166 kcal/19,7 g KH/7,6 g P/4,5 g F
vegan/glutenfrei

VERZEHRFERTIG IN **20 Min.**

1 Zwiebel
1 Knoblauchzehe
1 TL Olivenöl
1 gelbe Paprika (ca. 130 g)
1 rote Paprika (ca. 150 g)
1 Zucchini (ca. 400 g)
½ Aubergine (ca. 150 g)
200 g gehackte Tomaten aus der Dose
100 g Gemüsebrühe
Salz, Pfeffer
½ TL Kräuter der Provence

1. Zwiebel und Knoblauch abziehen und Zwiebel halbieren. Alles in den Mixtopf geben und **5 Sek./Stufe 5** hacken.
2. Öl dazugeben und Gemüse **3 Min./Varoma/Stufe 1** andünsten.
3. Paprikaschoten, Zucchini und Aubergine waschen, putzen und in kleine Stücke schneiden. Mit den restlichen Zutaten in den Mixtopf geben und **12 Min./100 °C/Linkslauf/Sanftrührstufe** garen.

Asiatische Nudelpfanne

VERZEHRFERTIG 25 Min.

Für 2 Portionen
Pro Portion: 345 kcal/10,6 g KH/18,3 g P/24 g F
vegan/glutenfrei

20 g Erdnussmus, ungesalzen
20 g Erdnussöl + 1 TL
20 g Sojasauce
¾ TL Knoblauchpulver
2 TL Erythrit
110 g Wasser
100 g Aubergine
150 g Tofu natur
½ TL Chiliflocken
5 g Erdnüsse, ungesalzen
200 g Konjaknudeln
200 g Zucchini
½ rote Paprika (ca. 75 g)
½ grüne Paprika (ca. 60 g)

1. Erdnussmus, 20 g Erdnussöl, Sojasauce, ½ TL Knoblauchpulver, Erythrit und Wasser in den Mixtopf geben und **5 Min./95 °C/Stufe 2** köcheln lassen.
2. Währenddessen Aubergine putzen, waschen und wie den Tofu in Würfel schneiden. Mit Chiliflocken, dem restlichen Knoblauchpulver sowie der Hälfte der Erdnusssauce in eine Schüssel geben, vermischen und 5 Min. ziehen lassen.
3. Konjaknudeln laut Packungsanleitung vorbereiten (durchspülen und abseihen). Zucchini putzen, waschen und mit einem Spiralschneider zu Zucchininudeln verarbeiten.
4. 1 TL Öl in einer Pfanne erhitzen und Tofu-Auberginen-Mischung darin goldbraun braten.
5. Rote und grüne Paprika waschen, entkernen, in Streifen schneiden und nochmals halbieren.
6. Alle Zutaten in die Pfanne eben, miteinander vermengen und 5 Min. bei mittlerer Hitze durchgaren.

Tipp:
Mit frisch gehacktem Koriander bestreuen.

Zoodles mit Basilikumpesto

VERZEHRFERTIG
12 Min.

Für 2 Portionen
Pro Portion: 373 kcal/11,6 g KH/15,9 g P/29 g F
vegetarisch/glutenfrei

1 Knoblauchzehe
80 g Basilikumblätter
25 g Pinienkerne
50 g Parmesan
Salz, Pfeffer
30 g Öl, z. B. Olivenöl
2 Zucchini (ca. 500 g)
2 EL Gemüsebrühe oder Wasser

1. Knoblauch abziehen, in den Mixtopf geben und **2 Sek./Stufe 5** zerkleinern.
2. Basilikumblätter waschen, trocken schütteln und zusammen mit Pinienkernen, Parmesan und Gewürzen zum Knoblauch hinzufügen und **10 Sek./Stufe 7** zerkleinern.
3. Dann **10 Sek./Stufe 2** rühren, dabei das Olivenöl langsam durch die Mixtopföffnung einfließen lassen. Nun alles **30 Sek./Stufe 2–7** schrittweise ansteigend zu einem sämigen Pesto pürieren.
4. Zucchini waschen, putzen und mit einem Spiralschneider zu Zucchininudeln schneiden.
5. Gemüsebrühe in eine Pfanne oder einen Topf geben und die Zucchininudeln darin 5 Min. bei mittlerer Hitze dünsten. Nun das Pesto einrühren und alles mit Salz und Pfeffer abschmecken.

Tofu-Eierspeise

VERZEHRFERTIG 20 Min.

Für 2 Portionen
Pro Portion: 361 kcal/5,8 g KH/33,4 g P/22,9 g F
vegetarisch/glutenfrei

150 g Champignons
1 Tomate (ca. 120 g)
300 g Tofu natur
3 Stängel frische Petersilie
3 Eier
Salz, Pfeffer
1 EL Öl

1. Champignons putzen, mit einem Küchenpapier säubern und in Scheiben schneiden.
2. Tomate waschen, Stielansatz entfernen und das Fruchtfleisch in grobe Stücke zerkleinern.
3. Tofu mit einer Gabel fein zerdrücken.
4. Petersilie waschen, trocken schütteln und klein zupfen. Den Mixtopf einsetzen und das Messer **5 Sek./Stufe 6** laufen lassen. Die Petersilie durch die Mixtopföffnung einrieseln lassen und zerkleinern.
5. Eier mit Salz und Pfeffer in den Mixtopf hinzugeben und **15 Sek./Stufe 5** vermischen.
6. Tofu, Champignons und Tomatenstücke hinzufügen und **15 Sek./Linkslauf/Stufe 1** untermischen.
7. Öl in einer Pfanne erhitzen und die Ei-Tofu-Mischung darin in ca. 10 Min. krümelig herausbraten.

Pizza Margherita

VERZEHRFERTIG
20 Min.

Für 2 Portionen
Pro Portion: 354 kcal/5,3 g KH/26 g P/24,2 g F
vegetarisch/glutenfrei

250 g Blumenkohlröschen
120 g Käse, z. B. Gouda
1 Ei
Salz, Pfeffer
1 Tomate (ca. 130 g)
60 g Mozzarella
1 Stängel Basilikum

1. Backofen auf 220 °C Ober-/Unterhitze vorheizen.
2. Blumenkohlröschen waschen und mit Küchenpapier trocken tupfen. Mit Käse in Stücken, Ei und Gewürzen in den Mixtopf geben und **10 Sek./Stufe 5** zerkleinern. Reste am Mixtopfrand nach unten schieben und Vorgang eventuell wiederholen, bis alles klein geraspelt ist.
3. Backpapier auf ein Backblech legen, die Masse daraufgeben und zu einer runden Pizza verstreichen. Im Ofen 10 Min. vorbacken.
4. In der Zwischenzeit Tomate waschen, Stielansatz entfernen und Fruchtfleisch in dünne Scheiben schneiden.
5. Mozzarella abtropfen lassen und ebenfalls in dünne Scheiben schneiden.
6. Den vorgebackenen Pizzaboden mit Tomaten und Mozzarella belegen und weitere 8 Min. im Ofen backen.
7. Währenddessen Basilikum waschen, trocken schütteln und die Blätter abzupfen.
8. Pizza mit Basilikumblättern garniert servieren.

Tipp:

Den Pizzaboden können Sie natürlich auch anders belegen. Bestreichen Sie den Boden mit Tomatensauce oder Tomatenmark und verteilen Sie dann nach Belieben Schinken, Pilze, Paprika oder andere Zutaten darauf.

Zucchini-Wedges mit mediterranem Joghurtdip

VERZEHRFERTIG 30 Min.

Für 2 Portionen
Pro Portion: 407 kcal/18,5 g KH/39,2 g P/18,8 g F
vegetarisch/glutenfrei

2 Zucchini (600–700 g)
60 g Parmesan
40 g Mandelmehl
1 Prise gemahlene Kurkuma
1 TL italienische Kräuter
1 Ei
1 Bund Basilikum
1 kleine Knoblauchzehe
5 getrocknete Tomaten in Öl
1 TL Olivenöl
150 g Frischkäse
50 g Naturjoghurt
1 TL Zitronensaft
Salz, Pfeffer

1. Backofen auf 220 °C Ober-/Unterhitze vorheizen und ein Backblech mit Backpapier auslegen.
2. Zucchini putzen, waschen und mit Küchenpapier trocken tupfen. Dann der Länge nach achteln und in etwa 7 cm lange Wedges schneiden.
3. Parmesan in den Mixtopf geben und **5 Sek./Stufe 9** zerkleinern. Mandelmehl, Kurkuma und italienische Kräuter hinzufügen und **5 Sek./Stufe 6** vermischen. Danach Panade in einen tiefen Teller umfüllen.
4. In einer kleinen Schüssel das Ei verquirlen.
5. Nun die Zucchinistücke erst beidseitig in das verquirlte Ei tauchen, dann in der Panade wenden. Anschließend auf dem Backblech verteilen, dabei darauf achten, dass sich die Zucchinistücke nicht berühren. Blech in den Backofen schieben und Zucchini-Wedges in 15–20 Min. goldbraun backen.
6. Währenddessen den Dip zubereiten. Dazu das Basilikum waschen, trocken schütteln und die Blätter abzupfen.
7. Knoblauchzehe abziehen, zusammen mit den Basilikumblättern und den getrockneten Tomaten in den Mixtopf geben und **6 Sek./Stufe 6** zerkleinern.
8. Restliche Zutaten dazugeben und **20 Sek./Stufe 5** vermengen. Dip mit Salz und Pfeffer abschmecken.
9. Zucchiniwegdes zusammen mit dem Dip servieren.

Gebackener Schafskäse auf Blumenkohlreis

VERZEHRFERTIG
25 Min.

Für 2 Portionen
Pro Portion: 428 kcal/9,2 g KH/27 g P/29,2 g F
vegetarisch/glutenfrei

2 EL Olivenöl
200 g Schafskäse
150 g Cherrytomaten
1 Knoblauchzehe
2 TL italienische Kräuter
500 g Blumenkohlröschen
1 EL Butter
2–3 EL Zitronensaft
Salz, Pfeffer

1. Backofen auf 200 °C Ober-/Unterhitze vorheizen.
2. 1 EL Olivenöl in eine Backform träufeln, den Schafskäse in 2 Stücke schneiden und darauflegen.
3. Cherrytomaten waschen, mit Küchenpapier trocken tupfen und vierteln. Knoblauchzehe abziehen und in Scheiben schneiden. Beides auf und um den Schafskäse herum verteilen.
4. Schafskäse und Tomaten mit 1 TL italienischen Kräutern bestreuen, mit dem restlichen Olivenöl beträufeln und im Ofen auf mittlerer Schiene 15–20 Min. backen.
5. In der Zwischenzeit Blumenkohlröschen waschen, mit Küchenpapier trocken tupfen und in den Mixtopf geben. Dann **3 Sek./Stufe 6** zu Reiskorngröße verarbeiten. Eventuell Vorgang wiederholen, bis alle groben Stücke zerkleinert sind. Blumenkohlreste am Mixtopfrand mit dem Spatel nach unten schieben.
6. Butter in den Mixtopf geben und Blumenkohlreis **5 Min./Varoma/Linkslauf/Sanftrührstufe** andünsten. Mit Zitronensaft, den restlichen italienischen Kräutern, Salz und Pfeffer würzen.
7. Blumenkohlreis auf 2 Teller verteilen und mit dem gebackenen Schafskäse und den Tomaten servieren.

Zucchininudeln mit Erdnusssauce

VERZEHRFERTIG IN
15 Min.

Für 2 Portionen
Pro Portion: 299 kcal/12,2 g KH/12,7 g P/21,5 g F
vegan/glutenfrei

500 g Zucchini
1 Zwiebel
1 Knoblauchzehe
1 TL Öl, z. B. Kokosöl
200 g Kokosmilch, z. B. light
50 g Erdnussmus, z. B. mit Stückchen
Salz, Pfeffer
gemahlene Muskatnuss

1. Zucchini putzen, waschen, mit Küchenpapier abtrocknen und mit einem Spiralschneider zu Gemüsenudeln verarbeiten.
2. Zwiebel und Knoblauchzehe abziehen, in den Mixtopf geben und **3 Sek./ Stufe 5** zerkleinern.
3. Öl dazugeben und alles **3 Min./Varoma/Stufe 1** andünsten.
4. Kokosmilch, Erdnussmus, Salz, Pfeffer und Muskat hinzufügen und **15 Sek./ Stufe 5** verrühren.
5. Die Zucchininudeln in eine Pfanne geben, die Sauce hinzufügen und Nudeln unter Rühren garen, bis die gewünschte Bissfestigkeit erreicht ist.

Tipp:

Sie können die Sauce auch im Mixtopf **4 Min./100 °C/Stufe** 2 aufkochen, dann die Zucchininudeln hinzufügen und diese nur kurz ziehen lassen.

Gemüsepuffer

VERZEHRFERTIG IN 25 Min.

Für 2 Portionen
Pro Portion: 261 kcal/14,5 g KH/13,5 g P/13,7 g F
vegetarisch/glutenfrei

750 g Zucchini
200 g Karotten
Salz
2 Eier
1 EL Flohsamenschalen
Pfeffer
1 EL Butterschmalz oder Öl zum Braten

1. Zucchini putzen und waschen, Karotten putzen und schälen.
2. Beides in grobe Stücke schneiden und mit 1 Prise Salz in den Mixtopf geben. Dann **5 Sek./Stufe 5** zerkleinern, eventuell Vorgang noch einmal wiederholen, bis alle groben Stücke geraspelt sind. Danach die Gemüseraspel in ein Küchentuch schütten und die Flüssigkeit gut ausdrücken. Die ausgedrückten Gemüseraspel wieder in den Mixtopf füllen.
3. Eier, Flohsamenschalen sowie Salz und Pfeffer hinzufügen und **15 Sek./Linkslauf/Stufe 1** vermengen.
4. In einer Pfanne Butterschmalz erhitzen. Aus der Gemüsemasse etwa 10 cm große Fladen formen.
5. Diese in der Pfanne von beiden Seiten ausbacken und auf einem Küchenpapier abtropfen lassen.

Tipp:

Dazu schmeckt zum Beispiel der Joghurtdip (siehe Seite 68) oder der Avocado-Spinat-Dip von Seite 41.

HAUPTGERICHTE MIT FISCH

Schneller Garnelen-Curry-Topf

VERZEHRFERTIG IN 15 Min.

ONE POT
Für 2 Portionen
Pro Portion: 202 kcal/4,8 g KH/16,2 g P/12,8 g F
glutenfrei

1 Zwiebel
1 kleine Chilischote
250 g Garnelen, küchenfertig
400 g Kokosmilch, z. B. light
4 getrocknete Lorbeerblätter
1 TL gelbe Currypaste
Salz, grob gemahlener Pfeffer

1. Zwiebel abziehen und halbieren, Chilischote putzen, waschen und eventuell entkernen. Beides in den Mixtopf geben und **5 Sek./Stufe 5** zerkleinern.
2. Garnelen waschen und mit Küchenpapier trocken tupfen.
3. Kokosmilch, Garnelen und Lorbeerblätter in den Mixtopf geben und alles **5 Min./100 °C/Linkslauf/Stufe 1** aufkochen.
4. Currypaste hinzufügen und Garnelen-Curry-Topf **6 Min./95 °C/Linkslauf/Stufe 1** fertig garen.
5. Mit Salz und Pfeffer abschmecken.

Thunfisch-Pizza-Bowl

VERZEHRFERTIG IN 12 Min.

Für 1 Portion
Pro Portion: 391 kcal/14,6 g KH/62,4 g P/9 g F
glutenfrei

150 g Thunfisch im eigenen Saft aus der Dose
1 Knoblauchzehe
40 g Tomatenmark
40 g passierte Tomaten aus der Dose
½ TL Salz
¼ TL Pfeffer
½ TL getrockneter Thymian
½ TL getrockneter Oregano
½ rote Zwiebel
20 g Babyspinat
50 g geriebener Käse, z. B. Emmentaler

1. Thunfisch abtropfen lassen, zerpflücken und in eine hitzebeständige Form füllen.
2. Für die Tomatensauce Knoblauch abziehen, in den Mixtopf geben und **3 Sek./Stufe 5** zerkleinern. Tomatenmark, passierte Tomaten und Gewürze hinzufügen und **10 Sek./Stufe 3** vermengen. Sauce auf den Thunfisch gießen.
3. Zwiebel abziehen und in Ringe schneiden. Babyspinat verlesen, waschen und trocken schütteln, mit den Zwiebelringen in der Form verteilen.
4. Den Emmentaler darüberstreuen.
5. Form 2–3 Min. bei ca. 800 Watt in die Mikrowelle stellen, bis der Käse geschmolzen ist.

Tipps:

Falls Sie keine Mikrowelle zur Verfügung haben, das Gericht in eine feuerfeste Form geben und 10 Min. im vorgeheizten Backofen bei 160 °C überbacken. Reibekäse können Sie ganz einfach selbst herstellen. Dazu eine entsprechende Menge Käse in Stücken in den Mixtopf geben und **5 Sek./Stufe 7** zerkleinern.

Falscher Couscous mit Garnelen

VERZEHRFERTIG 20 Min.

ONE POT
Für 2 Portionen
Pro Portion: 234 kcal/20,3 g KH/24,2 g P/2,5 g F
glutenfrei

1 Blumenkohl (ca. 580 g)
1 Zwiebel
1 Knoblauchzehe
1 TL Butterschmalz oder Öl
250 g Garnelen, küchenfertig
1 rote Paprika (ca. 150 g)
1 grüne Paprika (ca. 100 g)
1 gelbe Paprika (ca. 120 g)
100 g Gemüsebrühe
1 TL Currypulver
Salz, Pfeffer
edelsüßes Paprikapulver

1. Blumenkohl putzen, waschen und mit Küchenpapier trocken tupfen. Dann in Röschen teilen, in den Mixtopf geben und **3 Sek./Stufe 6** zu Reiskorngröße verarbeiten. Eventuell Vorgang wiederholen, bis alle groben Stücke zerkleinert sind. In eine Schüssel umfüllen.
2. Zwiebel und Knoblauchzehe abziehen, in den Mixtopf geben und **5 Sek./Stufe 5** zerkleinern.
3. Butterschmalz hinzufügen und Gemüse **2 Min./Varoma/Stufe 1** andünsten.
4. Garnelen dazugeben und **3 Min./Varoma/Linkslauf/Sanftrührstufe** dünsten.
5. In der Zwischenzeit die Paprikaschoten putzen, waschen und in Würfel schneiden.
6. Nun Blumenkohlraspel, Paprikastücke, Gemüsebrühe und Currypulver in den Mixtopf geben und **10 Min./100 °C/Linkslauf/Sanftrührstufe** köcheln lassen.
7. Alles mit Salz, Pfeffer und Paprikapulver abschmecken. Die Blumenkohlraspel sollten noch bissfest sein.

Kabeljau-Gemüse-Päckchen

VERZEHRFERTIG IN 20 Min.

ALL IN ONE

Für 2 Portionen

Pro Portion: 278 kcal/15,3 g KH/31,1 g P/8,9 g F

glutenfrei

1 gelbe Paprika (ca. 120 g)
1 rote Paprika (ca. 150 g)
200 g gehackte Tomaten aus der Dose
Kräutersalz, Pfeffer
edelsüßes Paprikapulver
2 Fischfilets, z. B. Kabeljau (jeweils ca. 150 g)
2 TL Öl, z. B. Olivenöl
500 g Wasser
1 Salatgurke (ca. 400 g)

1. Paprikaschoten putzen, waschen, in grobe Stücke schneiden und im Mixtopf **3 Sek./Stufe 5** zerkleinern.
2. Gehackte Tomaten und Gewürze hinzufügen und **10 Sek./Linkslauf/Stufe 1** mit den Paprikastücken vermengen. 2 Blätter Backpapier vorbereiten und die Gemüsemischung zu gleichen Teilen darauf verteilen.
3. Fischfilets säubern und auf das Gemüse legen. Öl darüberträufeln und Fisch mit Kräutersalz, Pfeffer und Paprikapulver gut würzen. Backpapier zu kleinen Päckchen verschließen und diese in den Varoma geben.
4. Wasser in den Mixtopf füllen, Varoma aufsetzen und Fischpäckchen **12 Min./Varoma/Stufe 2** garen.
5. Währenddessen Gurke putzen, schälen und in Scheiben schneiden. 2 Teller damit auslegen und die Gurkenscheiben mit Kräutersalz würzen.
6. Die gegarten Kabeljau-Gemüse-Päckchen zum Servieren jeweils auf die Gurkenscheiben setzen.

Tipp:
Fisch und Gemüse mit frischen Schnittlauchröllchen bestreuen.

Lachs mit Gemüsenudeln im Päckchen

VERZEHRFER
25 Min.

ALL IN ONE

Für 2 Portionen

Pro Portion: 388 kcal/12,8 g KH/39,1 g P/21,6 g F

glutenfrei

2 Karotten (ca. 200 g)
1 Zucchini (ca. 400 g)
2 Stängel Petersilie
2 Lachsfilets (jeweils ca. 150 g)
(Kräuter-)Salz, grob gemahlener Pfeffer
2 TL Öl, z. B. Olivenöl
2 Zitronenscheiben (Bio)
400 g Gemüsebrühe
3 EL Kräuterfrischkäse

1. Karotten und Zucchini putzen, waschen, Karotten eventuell schälen und dann beides mit einem Gemüseschäler in dünne Streifen (Bandnudelform) schneiden.
2. 2 Blätter Back- oder Pergamentpapier vorbereiten und die Gemüsenudeln zu gleichen Teilen darauf verteilen.
3. Petersilie waschen, trocken schütteln, klein zupfen und auf die Gemüsenudeln geben.
4. Lachsfilets säubern, salzen, pfeffern und auf die Gemüsenudeln legen. Das Öl gleichmäßig darauf verteilen.
5. Die Zitronenscheiben halbieren und auf den Fisch legen. Backpapier zu kleinen Päckchen verschließen und in den Varoma geben.
6. Gemüsebrühe in den Mixtopf füllen, Varoma aufsetzen und Fischpäckchen **15 Min./Varoma/Stufe 2** garen.
7. Varoma abnehmen, beiseitestellen und warm halten (Tuch auflegen).
8. Kräuterfrischkäse zur Garflüssigkeit in den Mixtopf geben und **4 Min./100 °C/ Stufe 3** aufkochen lassen. Mit Salz und Pfeffer abschmecken.
9. Fischpäckchen mit der Kräutersauce servieren.

Lachs mit Mandelkruste und Zucchininudeln

VERZEHRFERTIG 25 Min.

ALL IN ONE
Für 2 Portionen
Pro Portion: 465 kcal/8,9 g KH/39,7 g P/33 g F
glutenfrei

1 kleiner Bund Dill
30 g Parmesan
2 EL Mandeln
2 Lachsfilets (jeweils ca. 125 g)
2 EL Zitronensaft
2 TL Öl, z. B. Olivenöl
(Kräuter-)Salz, grob gemahlener Pfeffer
1–2 Zucchini (ca. 500 g)
400 g Gemüsebrühe
100 g Kochsahne oder Sahne
1 TL mittelscharfer Senf, z. B. Dijon-Senf

1. Dill waschen, trocken schütteln und klein zupfen. Mixtopf einsetzen und das Messer **5 Sek./Stufe 6** laufen lassen. Dill durch die Mixtopföffnung einrieseln und zerkleinern lassen. 1 EL gehackten Dill für die Sauce zurücklegen.
2. Parmesan und Mandeln in den Mixtopf geben und **5 Sek./Stufe 6** grob hacken.
3. Lachsfilets säubern, jeweils mit 1 EL Zitronensaft und 1 TL Öl beträufeln und gut mit Salz und Pfeffer würzen. Dann die Mandel-Parmesan-Mischung auf den Fischfilets verteilen.
4. 1 Blatt Backpapier in der Größe des Varomaeinlegebodens kurz in Wasser einlegen und auswringen, danach in den Varomaeinlegeboden geben. Dabei gut darauf achten, dass die seitlichen Luftschlitze frei bleiben, damit der Dampf hochsteigen kann.
5. Zucchini putzen, waschen und mit einem Gemüseschäler in dünne Streifen (Bandnudelform) schneiden.

6. Lachsfilets auf das Backpapier setzen, die Zucchininudeln im Varoma und auf dem Varomaeinlegeboden verteilen.
7. Gemüsebrühe in den Mixtopf einwiegen, Mixtopfdeckel schließen, Varoma aufsetzen und alles **15 Min./Varoma/Stufe 2** garen.
8. Varoma abnehmen, beiseitestellen und warm halten (Tuch auflegen).
9. Sahne, Senf und den restlichen Dill zur Garflüssigkeit in den Mixtopf geben und **3 Min./100 °C/Stufe 3** aufkochen lassen. Mit Salz und Pfeffer abschmecken.
10. Lachs mit Zucchininudeln und Senf-Dill-Sauce servieren.

Tipp:
Die Zucchininudeln können Sie auch durch Gemüsenudeln aus Karotte oder Kohlrabi ersetzen. Zum Fisch schmeckt ebenso Blumenkohl, den Sie in kleinen Röschen einfach im Varoma mitgaren, oder Blumenkohlreis.

Kabeljau mit Pak-Choi-Gemüse

ALL IN ONE

Für 2 Portionen

Pro Portion: 261 kcal/8,2 g KH/32,7 g P/10,6 g F

glutenfrei

VERZEHRFERTIG 30 Min.

300 g Fischfilet, z. B. Kabeljau
2 EL Zitronensaft
3 TL Öl, z. B. Oliven- oder Sesamöl
(Kräuter-)Salz, grob gemahlener Pfeffer
150 g Pak-Choi
150 g Stangensellerie
200 g Fenchel
400 g Gemüsebrühe
1 Schalotte
1 cm frischer Ingwer (optional)
1 EL Sojasauce
1 Prise Erythrit
gemahlener Kurkuma

1. 1 Blatt Backpapier in der Größe des Varomaeinlegebodens kurz in Wasser einlegen und auswringen, danach in den Varomaeinlegeboden geben. Dabei darauf achten, dass die seitlichen Luftschlitze frei bleiben, damit der Dampf hochsteigen kann.
2. Fischfilets säubern, mit Zitronensaft und Öl beträufeln, mit Salz und Pfeffer würzen und auf das Backpapier setzen.
3. Pak-Choi, Stangensellerie und Fenchel putzen, waschen und in Streifen bzw. Würfel schneiden. Dann im Varoma und auf dem Varomaeinlegeboden verteilen.
4. Gemüsebrühe in den Mixtopf füllen, Varoma aufsetzen und alles **14 Min./Varoma/Stufe 2** garen. Dann Varoma abnehmen, beiseitestellen und warm halten (Tuch auflegen).
5. Garflüssigkeit aus dem Mixtopf entfernen.
6. Schalotte abziehen, halbieren, Ingwer schälen, dann beides in den Mixtopf geben und **3 Sek./Stufe 5** hacken.
7. Gemüse aus dem Varoma mit Sojasauce und Erythrit in den Mixtopf geben und **4 Min./Varoma/Linkslauf/Sanftrührstufe** andünsten. Mit Salz, Pfeffer und Kurkuma abschmecken.
8. Fischfilets mit Pak-Choi-Gemüse genießen.

Fischbällchen in Tomatensauce

VERZEHRFERTIG 25 Min.

ALL IN ONE
Für 2 Portionen
Pro Portion: 206 kcal/7,3 g KH/33,6 g P/4,5 g F
glutenfrei

1 Zwiebel
20 g Parmesan
300 g Fischfilet, z. B. Seelachsfilet oder Kabeljau
1 EL Sojasauce
1 EL Tomatenmark
Salz, Pfeffer
edelsüßes Paprikapulver
300 g Gemüsebrühe
200 g gehackte Tomaten aus der Dose
1 Prise getrockneter Oregano

1. Zwiebel abziehen und halbieren, zusammen mit dem Parmesan in den Mixtopf geben und **3 Sek./Stufe 7** hacken.
2. Fischfilets säubern, dann mit Sojasauce, Tomatenmark und Gewürzen in den Mixtopf geben und **5 Sek./Stufe 6** hacken. Aus dem Fischteig Hackbällchen mit einer Größe von 3–4 cm formen und diese auf dem Varomaeinlegeboden verteilen.
3. Gemüsebrühe mit gehackten Tomaten, Salz, Pfeffer, Paprikapulver und Oregano in den Mixtopf geben. Varoma aufsetzen und alles **15 Min./Varoma/Stufe 2** garen.
4. Varoma abnehmen, beiseitestellen und warm halten (Tuch auflegen).
5. Tomatensauce noch einmal abschmecken und zusammen mit den Hackbällchen servieren.

Tipp:

Dazu schmeckt frischer Salat oder gedämpfter Blumenkohl (nach Belieben einfach Blumenkohlröschen im Varoma mitgaren).

HAUPTGERICHTE MIT FLEISCH UND WURST

Schinken-Käse-Rührei

Verzehrfertig in 10 Min.

Für 2 Portionen
Pro Portion: 263 kcal/2,4 g KH/20 g P/19 g F
glutenfrei

1 Schalotte oder ½ Zwiebel
25 g Gouda
4 Eier
50 g Milch
Salz, Pfeffer
50 g Kochschinken
1 TL Butter

1. Zwiebel abziehen, halbieren und zusammen mit dem Gouda in den Mixtopf geben. **5 Sek./Stufe 6** hacken.
2. Eier, Milch und Gewürze hinzufügen und **20 Sek./Stufe 5** verrühren.
3. Kochschinken in kleine Würfel schneiden.
4. Butter in einer Pfanne erhitzen und erst die Schinkenwürfel anbraten, dann die Eiermasse hineingießen. Mit dem Pfannenwender einige Male durch das Ei fahren, bis das Rührei stockt. Vor dem Servieren noch einmal mit Salz und Pfeffer abschmecken.

Bauerntopf

VERZEHRFERTIG 25 Min.

ONE POT
Für 2 Portionen
Pro Portion: 418 kcal/14,3 g KH/28,6 g P/26,1 g F
glutenfrei

1 Zwiebel
1 Knoblauchzehe
1 TL Öl, z. B. Olivenöl
250 g Hackfleisch, z. B. gemischt
250 g Suppengrün
½ rote Paprika (ca. 75 g)
½ grüne Paprika (ca. 60 g)
250 g passierte Tomaten aus der Dose
250 g Wasser
Salz, Pfeffer

1. Zwiebel und Knoblauch abziehen, in den Mixtopf geben und **5 Sek./Stufe 5** zerkleinern.
2. Öl und Hackfleisch hinzufügen und **5 Min./Varoma/Linkslauf/Sanftrührstufe** dünsten.
3. Währenddessen Suppengrün putzen, waschen, schälen und in mundgerechte Stücke schneiden. Paprikaschoten putzen, waschen und würfeln.
4. Alle Zutaten in den Mixtopf geben und **15 Min./100 °C/Linkslauf/Sanftrührstufe** köcheln lassen.
5. Bauerntopf zum Schluss mit Salz und Pfeffer abschmecken.

Tipp:
Mit einem Klecks Schmand oder saurer Sahne verfeinern.

Sauerkrauteintopf

VERZEHRFERTIG
30 Min.

ALL IN ONE
Für 2 Portionen
Pro Portion: 383 kcal/12,6 g KH/23,5 g P/24,6 g F
glutenfrei

250 g Steckrübe
150 g Cabanossi
½ Bund Petersilie
900 g Fleischbrühe
400 g Sauerkraut
Salz, Pfeffer

1. Steckrübe putzen, schälen und in ca. 2 cm dicke Würfel schneiden.
2. Cabanossi in Scheiben schneiden.
3. Petersilie waschen, trocken schütteln und klein zupfen. Mixtopf einsetzen und das Messer **5 Sek./Stufe 6** laufen lassen. Petersilie durch die Mixtopföffnung einrieseln und zerkleinern lassen.
4. Fleischbrühe in den Mixtopf einwiegen.
5. Steckrübe, Cabanossi und Sauerkraut im Varoma und auf dem Varomaeinlegeboden verteilen. Mixtopfdeckel schließen, Varoma aufsetzen und alles **15 Min./ Varoma/Stufe 2** garen.
6. Varomainhalt danach zur Garflüssigkeit in den Mixtopf geben und Eintopf in **5 Min./100 °C/Linkslauf/Sanftrührstufe** fertig kochen. Mit Salz und Pfeffer abschmecken.

Paprika-Schnitzel-Topf

VERZEHRFERTIG IN 25 Min.

ONE POT
Für 2 Portionen
Pro Portion: 337 kcal/16,9 g KH/32,7 g P/13,6 g F
glutenfrei

2 Schnitzel vom Schwein (ca. 250 g)
Salz, Pfeffer
1 Zwiebel
1 TL Öl
2 rote Paprika (ca. 300 g)
300 g gehackte Tomaten aus der Dose
100 g Wasser
50 g Sahne oder Kochsahne
½ TL Gemüsebrühepulver
1 EL Tomatenmark
edelsüßes Paprikapulver

1. Schnitzel abbrausen, mit Küchenpapier trocken tupfen und in grobe Stücke schneiden. Mit Salz und Pfeffer würzen.
2. Zwiebel abziehen, vierteln und die einzelnen Zwiebelschichten trennen.
3. Öl in den Mixtopf geben, Schnitzelstücke und Zwiebeln hinzufügen und **5 Min./Varoma/Linkslauf/Sanftrührstufe** dünsten.
4. In der Zwischenzeit Paprikaschoten putzen, waschen und in Streifen schneiden. Dann mit den restlichen Zutaten in den Mixtopf geben und alles **12 Min./100 °C/Linkslauf/Sanftrührstufe** garen.
5. Vor dem Servieren mit Salz, Pfeffer und Paprikapulver abschmecken.

Rinder-Gemüse-Topf

VERZEHRFERTIG 35 Min.

ALL IN ONE
Für 2 Portionen
Pro Portion: 417 kcal/16,9 g KH/30,7 g P/18,8 g F
glutenfrei

1 Zwiebel
250 g Rindergulasch
1 TL Öl, z. B. Rapsöl
2 Karotten (ca. 200 g)
150 g Kohlrabi
100 g Champignons
300 g Rinderbrühe
200 g gehackte Tomaten aus der Dose
½ TL getrockneter Oregano
1 EL Tomatenmark
Salz, Pfeffer
edelsüßes Paprikapulver
100 g Sahne oder 50 g Schmand

1. Zwiebel abziehen, halbieren und im Mixtopf **5 Sek./Stufe 5** zerkleinern.
2. Rindfleisch abspülen und mit Küchenpapier trocken tupfen.
3. Öl und Rindfleisch in den Mixtopf geben und **5 Min./Varoma/Linkslauf/Sanftrührstufe** dünsten.
4. Währenddessen Gemüse und Pilze waschen, putzen und ggf. schälen. Karotten und Champignons in Scheiben, Kohlrabi in Würfel schneiden, dann alles im Varoma und auf dem Varomaeinlegeboden verteilen.
5. Rinderbrühe, gehackte Tomaten, Oregano, Tomatenmark und Gewürze in den Mixtopf geben, Mixtopfdeckel schließen, Varoma aufsetzen und alles **20 Min./Varoma/Linkslauf/Stufe 1** garen.
6. Varomainhalt in den Mixtopf schütten, Sahne einwiegen und Eintopf **5 Min./Varoma/Linkslauf/Sanftrührstufe** fertig garen.

Hackbällchen in Currysauce mit Brokkoli

VERZEHRFERTIG 30 Min.

ALL IN ONE
Für 2 Portionen
Pro Portion: 551 kcal/14,1 g KH/42,1 g P/35 g F
glutenfrei

20 g Parmesan
2 Stängel Petersilie
1 Schalotte
1 Knoblauchzehe
250 g Hackfleisch, z. B. vom Schwein
1 Ei
3 EL Tomatenmark
1 TL mittelscharfer Senf
Salz, Pfeffer
edelsüßes Paprikapulver
400 g Brokkoliröschen
250 g griechischer Joghurt
200 g Brühe, z. B. Hühnerbrühe
2 EL Currypulver
½ TL gemahlene Kurkuma
1 Prise gemahlener Kreuzkümmel
½ TL Gemüsebrühepulver

1. Parmesan in den Mixtopf geben und **5 Sek./Stufe 8** zerkleinern. Dann in eine Schüssel umfüllen.
2. Petersilie waschen, trocken schütteln und klein zupfen. Mixtopf einsetzen und das Messer **5 Sek./Stufe 6** laufen lassen. Die Petersilie durch die Mixtopföffnung einrieseln lassen und zerkleinern.
3. Schalotte und Knoblauch abziehen, Schalotte halbieren, beides in den Mixtopf geben und **5 Sek./Stufe 5** zerkleinern.
4. Hackfleisch, Parmesanraspel, Ei, 1 EL Tomatenmark, Senf, Salz, Pfeffer und Paprikapulver hinzufügen und **1 Min./Knetstufe** vermengen. Aus der Masse kleine Hackbällchen (ca. 3 cm Durchmesser) formen und diese auf dem Varomaeinlegeboden verteilen. Mixtopf säubern.
5. Brokkoliröschen waschen, abtropfen lassen und im Varoma verteilen.
6. Das restliche Tomatenmark, Joghurt, Brühe, Currypulver, Kurkuma, Kreuzkümmel und Gemüsebrühepulver in den Mixtopf geben. Mixtopfdeckel schließen, Varoma aufsetzen und alles **20 Min./Varoma/Stufe 1** garen.
7. Varoma abnehmen, beiseitestellen und warm halten (Tuch auflegen). Sauce mit Salz und Pfeffer abschmecken und zusammen mit Hackbällchen und Brokkoli servieren.

Tipp:

Statt griechischem Joghurt können Sie auch Vollfett-Joghurt verwenden (bei fettarmen Sorten kann der Joghurt ausflocken).

Zoodles mit Karotten-Hack-Bolognese

ALL IN ONE
Für 2 Portionen
Pro Portion: 353 kcal/14,8 g KH/32 g P/16,7 g F
glutenfrei

VERZEHRFERTIG IN 20 Min.

500 g Zucchini
1 Karotte (ca. 100 g)
1 Schalotte oder ½ Zwiebel
1 TL Öl, z. B. Olivenöl
1 EL Tomatenmark
250 g Hackfleisch, z. B. gemischt
300 g gehackte Tomaten aus der Dose
150 g Brühe, z. B. Fleisch- oder Gemüsebrühe
Salz, Pfeffer
edelsüßes Paprikapulver (optional)
getrockneter Oregano

1. Zucchini putzen, waschen, abtrocknen und mit einem Sparschäler oder Spiralschneider zu Gemüsenudeln verarbeiten. Dann im Varoma und auf dem Varomaeinlegeboden verteilen.
2. Karotte putzen, schälen und in grobe Stücke schneiden. Schalotte abziehen und halbieren. Beides in den Mixtopf geben und **5 Sek./Stufe 5** hacken.
3. Öl, Tomatenmark und Hackfleisch hinzufügen und alles **5 Min./Varoma/Linkslauf/Sanftrührstufe** dünsten.
4. Gehackte Tomaten, Brühe und Gewürze hinzufügen, Mixtopfdeckel verschließen, Varoma aufsetzen und **alles 10 Min./Varoma/Linkslauf/Sanftrührstufe** garen.
5. Zucchininudeln auf Tellern anrichten und die Sauce darüber verteilen.

Tipp:
Mit frisch gehobeltem Parmesan bestreuen.

Mediterraner Gemüse-Hack-Auflauf

VERZEHRFERTIG IN 25 Min.

Für 2 Portionen
Pro Portion: 484 kcal/17,9 g KH/29,6 g P/31,3 g F
glutenfrei

1 Zwiebel
1 TL Öl, z. B. Olivenöl
200 g Hackfleisch, z. B. gemischt
1 Aubergine (ca. 200 g)
2 Tomaten (ca. 260 g)
1 Zucchini (ca. 300 g)
1 EL Tomatenmark
50 g Sahne oder Sojasahne
300 g gehackte Tomaten aus der Dose
½ TL Gemüsebrühepulver
Salz, Pfeffer
1 Prise getrockneter Thymian
1 Prise getrockneter Rosmarin
2 EL geriebener Käse

1. Backofen auf 180 °C Umluft vorheizen.
2. Zwiebel abziehen, halbieren, in den Mixtopf geben und **5 Sek./Stufe 5** hacken.
3. Öl und Hackfleisch hinzufügen und **5 Min./Varoma/Linkslauf/Sanftrührstufe** dünsten.
4. Währenddessen Aubergine, Tomaten und Zucchini putzen, waschen und in Scheiben schneiden.
5. Tomatenmark, Sahne, gehackte Tomaten, Gemüsebrühepulver, Gewürze und Kräuter in den Mixtopf geben und **10 Sek./Linkslauf/Stufe 1** vermischen.
6. Die Hackfleischsauce in eine Auflaufform oder zwei Souffléformen füllen und darauf das Gemüse verteilen.
7. Auflauf mit Käse bestreuen und 15 Min. im Ofen backen.

HAUPTSPEISEN MIT GEFLÜGEL

Eiermuffins mit Putenschinken

VERZEHRFERTIG IN 25 Min.

Für 2 Portionen/6 Stück
Pro Portion: 293 kcal/7,5 g KH/31,4 g P/14,6 g F
glutenfrei

5 Eier
Salz, Pfeffer
getrockneter Oregano
½ rote Paprika (ca. 75 g)
½ gelbe Paprika (ca. 60 g)
1-2 Frühlingszwiebeln
150 g Putenschinken oder Putenbrust in Scheiben
Fett für die Förmchen

1. Backofen auf 180 °C Umluft vorheizen.
2. Eier und Gewürze in den Mixtopf füllen und **10 Sek./Stufe 4** aufschlagen. Dann in eine Schüssel umfüllen.
3. Paprikaschoten putzen, waschen und in grobe Stücke schneiden. Dann im Mixtopf **3 Sek./Stufe 5** zerkleinern. Paprikareste am Mixtopfrand mit dem Spatel nach unten schieben.
4. Frühlingszwiebeln waschen, putzen und in Röllchen schneiden.
5. Putenschinken klein würfeln.
6. Eiermasse, Frühlingszwiebeln und Putenschinken zu den Paprikastücken in den Mixtopf geben und alles **10 Sek./Linkslauf/Stufe 1** vermischen. Teig in die gefetteten Muffinförmchen füllen und ca. 15 Min. im Ofen goldbraun backen.

Hähnchencurry mit Blumenkohlreis

VERZEHRFERTIG
25 Min.

ALL IN ONE

Für 2 Portionen

Pro Portion: 308 kcal/8,3 g KH/41 g P/12,6 g F

glutenfrei

500 g Blumenkohlröschen
300 g Hähnchengeschnetzeltes
1 Zwiebel
1 TL Öl
200 g Kokosmilch, z. B. light
200 g Hühnerbrühe
1 EL Tomatenmark
1 TL gelbe oder rote Currypaste
1 TL Currypulver
Salz, Pfeffer

1. Blumenkohlröschen waschen, mit Küchenpapier trocken tupfen und in den Mixtopf geben. Dann **3 Sek./Stufe 6** zu Reiskorngröße verarbeiten. Eventuell Vorgang wiederholen, bis alle groben Stücke zerkleinert sind. Blumenkohlreis im Varoma und auf dem Varomaeinlegeboden verteilen und Mixtopf säubern.
2. Hähnchengeschnetzeltes abspülen und mit Küchenpapier trocken tupfen. Neben dem Blumenkohlreis auf dem Varomaeinlegeboden verteilen.
3. Zwiebel abziehen, halbieren und im Mixtopf **5 Sek./Stufe 5** zerkleinern.
4. Öl dazugeben und Zwiebel **3 Min./Varoma/Stufe 1** dünsten.
5. Kokosmilch, Brühe, Tomatenmark, Currypaste und Gewürze in den Mixtopf geben, Mixtopfdeckel schließen, Varoma aufsetzen und alles **10 Min./Varoma/Stufe 2** köcheln lassen.
6. Danach Varoma abnehmen, beiseitestellen und warm halten (Tuch auflegen).
7. Hähnchengeschnetzeltes zur Sauce in den Mixtopf geben und in **5 Min./100 °C/Linkslauf/Sanftrührstufe** fertig garen.
8. Hähnchencurry mit dem Blumenkohlreis servieren.

Blumisotto mit Hähnchen

VERZEHRFERTIG 30 Min.

ONE POT

Für 2 Portionen

Pro Portion: 324 kcal/10,8 g KH/38,2 g P/13,1 g F

glutenfrei

500 g Blumenkohlröschen
1 Zwiebel
1 Knoblauchzehe
1 TL Öl, z. B. Olivenöl
250 g Hähnchengeschnetzeltes
150 g Champignonscheiben aus dem Glas
100 g Kochsahne oder Sahne
Salz, Pfeffer
gemahlene Muskatnuss

1 Blumenkohlröschen waschen, mit Küchenpapier trocken tupfen, in den Mixtopf geben und **5 Sek./Stufe 6** zu Reiskorngröße zerkleinern. Eventuell Vorgang wiederholen, bis alle groben Stücke zerkleinert sind. Dann in eine Schüssel umfüllen.

2 Zwiebel und Knoblauchzehe abziehen, Zwiebel halbieren, beides in den Mixtopf geben und **5 Sek./Stufe 5** zerkleinern.

3 Öl hinzufügen und Zwiebel und Knoblauch **2 Min./Varoma/Stufe 1** dünsten.

4 Hähnchengeschnetzeltes abspülen und mit Küchenpapier trocken tupfen. Die Champignons in einem Sieb abtropfen lassen und mit dem Fleisch in den Mixtopf geben. Dann **7 Min./Varoma/Linkslauf/Sanftrührstufe** dünsten.

5 Blumenkohlraspel dazugeben und alles **12 Min./100 °C/Linkslauf/Sanftrührstufe** weiter garen.

6 Sahne einwiegen und Gewürze hinzufügen, dann in **2 Min./95 °C/Linkslauf/Sanftrührstufe** fertig garen.

Hähnchenbrust im Speckmantel mit Sahnesauce

VERZEHRFERTIG 30 Min.

ALL IN ONE

Für 2 Portionen

Pro Portion: 409 kcal/3,2 g KH/41,6 g P/27,5 g F

glutenfrei

300 g Hähnchenbrust
Salz, Pfeffer
8 dünne Scheiben Bacon
400 g Brühe, z. B. Hühnerbrühe
100 g Sahne
2 EL Frischkäse

1. Hähnchenbrust waschen, mit Küchenpapier trocken tupfen und in 8 Stücke schneiden. Mit Salz und Pfeffer würzen und jedes Stück mit 1 Scheibe Bacon umwickeln. Eventuell mit einer Rouladennadel feststecken. Dann die Fleischstücke in den Varomaeinlegeboden legen.
2. Brühe in den Mixtopf füllen, Mixtopfdeckel schließen, Varoma aufsetzen und Fleisch **20 Min./Varoma/Stufe 2** garen.
3. Varoma abnehmen, beiseitestellen und warm halten (Tuch auflegen).
4. Sahne und Frischkäse zur Garflüssigkeit in den Mixtopf geben, mit Salz und Pfeffer würzen und **3 Min./100 °C/Stufe 2** aufkochen.
5. Hähnchenbrust im Speckmantel mit der Sahnesauce servieren.

Tipp:

Für ein würziges Röstaroma können Sie die Hähnchenbruststücke im Speckmantel auch vor dem Garen kurz in der Pfanne anbraten.

Hühnerfrikassee

VERZEHRFERTIG 25 Min.

ALL IN ONE
Für 2 Portionen
Pro Portion: 271 kcal/10 g KH/39,8 g P/7,7 g F
glutenfrei

300 g Hähnchenbrustfilet
Salz, Pfeffer
150 g Champignons
100 g Spargel aus dem Glas
2 Karotten (ca. 200 g)
50 g TK-Erbsen (aufgetaut, optional)
1 Zwiebel
2 Stängel Petersilie
400 g Hühnerbrühe
1 TL Butter
½ TL Guarkernmehl
1 EL Zitronensaft

1. Hähnchenbrustfilet säubern, in Stücke schneiden, mit Salz und Pfeffer würzen und auf dem Varomaeinlegeboden verteilen.
2. Champignons mit Küchenpapier säubern, putzen und in Scheiben schneiden. Spargel abtropfen lassen und in Stücke schneiden. Karotten putzen, schälen und in Stücke schneiden. Champignons, Spargel, Karotten und ggf. Erbsen in den Varoma neben die Hähnchenstücke geben.
3. Zwiebel abziehen und halbieren. Petersilie waschen, trocken schütteln und klein zupfen. Dann beides **5 Sek./Stufe 6** im Mixtopf zerkleinern.
4. Brühe dazugeben, Mixtopfdeckel schließen, Varoma aufsetzen und alles **10 Min./Varoma/Stufe 2** garen.
5. Varoma absetzen, beiseitestellen und warm halten (Tuch auflegen). Die Garflüssigkeit aus dem Mixtopf in eine Schüssel umfüllen.
6. Butter und 200 g Garflüssigkeit in den Mixtopf geben und **3 Min./100 °C/Stufe 2** aufkochen. Nach ca. 1 Min. das Guarkernmehl durch die Mixtopföffnung einrieseln lassen.
7. Zitronensaft, Hähnchenstücke und Gemüse in den Mixtopf geben und nochmals **5 Min./100 °C/Linkslauf/Sanftrührstufe** garen. Vor dem Servieren noch einmal mit den Gewürzen abschmecken.

Puten-Pesto-Röllchen mit Schmandsauce

VERZEHRFERTIG 30 Min.

ALL IN ONE

Für 2 Portionen

Pro Portion: 416 kcal/2 g KH/47,4 g P/48,2 g F

glutenfrei

2 EL blanchierte Mandeln
30 g Parmesan
1 TL gemahlene Kurkuma
2 Putenschnitzel (ca. 300 g)
Salz, Pfeffer
2 TL grünes Pesto
4 Käsestücke, z. B. Emmentaler (jeweils ca. 8–10 g)
500 g Brühe, z. B. Hühnerbrühe
50 g Schmand

1. Mandeln und Parmesan mit Kurkuma in den Mixtopf geben und **5 Sek./Stufe 8** zerkleinern. Dann in einen tiefen Teller umfüllen.
2. Putenschnitzel abspülen und mit Küchenpapier trocken tupfen. Mit Frischhaltefolie belegen und zum Beispiel mit einem Pfannenboden dünner klopfen. Eine Seite salzen und pfeffern, danach umdrehen und die andere Seite mit dem grünen Pesto bestreichen. Danach die Schnitzel halbieren. Auf jedes Fleischstück an einer Seite 1 Käsestück auflegen, das Schnitzel aufrollen und mit einer Rouladennadel feststecken.
3. Die 4 Putenröllchen rundherum in der Mandel-Parmesan-Kurkuma-Mischung wälzen und in den Varomaeinlegeboden setzen.
4. Brühe in den Mixtopf geben, Mixtopfdeckel schließen, Varoma aufsetzen und Röllchen **20 Min./Varoma/Stufe 2** garen.
5. Varoma abnehmen, beiseitestellen und warm halten (Tuch auflegen).
6. Schmand zur Garflüssigkeit in den Mixtopf geben, Sauce mit Salz und Pfeffer würzen und **2 Min./100 °C/Stufe 2** aufkochen.
7. Putenröllchen mit der Schmandsauce servieren.

Tipp:
Dazu schmeckt zum Beispiel ein gemischter Salat gut.

Blumenkohl-Hackbällchen-Auflauf

VERZEHRFERTIG
30 Min.

Für 2 Portionen
Pro Portion: 525 kcal/7,2 g KH/32,7 g P/40,2 g F
glutenfrei

20 g Parmesan
5 Stängel Petersilie
1 Schalotte
1 Knoblauchzehe
150 g Blumenkohlröschen
250 g Putenhackfleisch
1 Ei
1 EL Tomatenmark
1 TL mittelscharfer Senf
Salz, Pfeffer
edelsüßes Paprikapulver
½ TL Gemüsebrühepulver
Fett für die Form
150 g Sahne
200 g Gemüsebrühe
½ TL Guarkernmehl

1. Backofen auf 180 °C Umluft vorheizen
2. Parmesan in den Mixtopf geben und **5 Sek./Stufe 7** zerkleinern. Dann in eine Schüssel umfüllen.
3. Petersilie waschen, trocken schütteln und klein zupfen. Mixtopf einsetzen und das Messer **5 Sek./Stufe 6** laufen lassen. Die Petersilie durch die Mixtopföffnung einrieseln lassen und zerkleinern. Die Hälfte der Petersilie aus dem Mixtopf entnehmen und für die Sauce beiseitelegen.
4. Schalotte und Knoblauch abziehen, Schalotte halbieren, beides in den Mixtopf geben und **5 Sek./Stufe 5** zerkleinern.

5. Blumenkohlröschen waschen und mit Küchenpapier trocken tupfen. Dann in den Mixtopf geben und in **3 Sek./Stufe 6** zu Reiskorngröße verarbeiten. Eventuell Vorgang wiederholen, bis alle groben Stücke zerkleinert sind. Blumenkohlreste am Mixtopfrand mit dem Spatel nach unten schieben.
6. Hackfleisch, Parmesanraspel, Ei, Tomatenmark, Senf, Salz, Pfeffer, Paprikapulver und Brühepulver hinzufügen und **1 Min./Knetstufe** vermengen. Aus der Masse kleine Bällchen (ca. 3 cm Durchmesser) formen und diese in eine gefettete Auflaufform legen.
7. Sahne, Gemüsebrühe, restliche Petersilie, Salz und Pfeffer in den Mixtopf füllen und **3 Min./100 °C/Stufe 3** aufkochen. Nach ca. 1 Min. das Guarkernmehl durch die Mixtopfdeckelöffnung langsam einrieseln lassen.
8. Sauce über die Hackbällchen gießen und den Auflauf 15–20 Min. im Ofen backen.

Tipp:

Dazu schmeckt frischer Salat oder auch Brokkoli, den Sie in Röschen einfach mit in die Auflaufform geben können.

Hähnchen Alfredo mit Zucchininudeln

VERZEHRFERTIG 25 Min.

ALL IN ONE

Für 2 Portionen

Pro Portion: 392 kcal/10,4 g KH/38,1 g P/23,6 g F

glutenfrei

500 g Zucchini
2 Stängel Petersilie
20 g Parmesan
1 Zwiebel
250 g Hähnchenbrustfilet
1 TL Butter
350 g Brühe, z. B. Hühnerbrühe
75 g Sahne oder Kochsahne
Salz, Pfeffer

1. Zucchini putzen, waschen, abtrocknen und mit einem Sparschäler oder Spiralschneider zu Gemüsenudeln verarbeiten und im Varoma und auf dem Varomaeinlegeboden verteilen.
2. Petersilie waschen, trocken schütteln und klein zupfen. Zusammen mit dem Parmesan in den Mixtopf geben und **6 Sek./Stufe 8** zerkleinern. Dann in eine Schüssel umfüllen.
3. Zwiebel abziehen, halbieren und im Mixtopf **5 Sek./Stufe 5** zerkleinern.
4. Hähnchenbrustfilet säubern und in kleine Stücke schneiden. Butter und Hähnchen in den Mixtopf geben und **5 Min./Varoma/Linkslauf/Sanftrührstufe** dünsten.
5. Brühe, Sahne, Salz und Pfeffer hinzugeben, Mixtopfdeckel schließen, Varoma aufsetzen und alles **12 Min./Varoma/Linkslauf/Stufe 1** garen.
6. Varoma abnehmen, Petersilien-Parmesan-Mischung zum Hähnchen in den Mixtopf geben und **20 Sek./Linkslauf/Stufe 1** vermengen.
7. Zucchininudeln aus dem Varoma mit der Sauce vermischen und servieren.

Tipp:
Anstatt Zucchininudeln können Sie auch andere Gemüsenudeln, zum Beispiel aus Karotten, oder Konjaknudeln verwenden.

Hähnchen mit Shiratakireis

VERZEHRFERTIG 25 Min.

ONE POT
Für 2 Portionen
Pro Portion: 266 kcal/13,5 g KH/32,5 g P/9,9 g F
glutenfrei

1 Zwiebel
2 Stängel Petersilie
2 Karotten (ca. 200 g)
250 g Hähnchenbrustfilet
1 TL Butter
75 g Brühe, z. B. Hühnerbrühe
1 EL Tomatenmark
1 EL Sojasauce
Salz, Pfeffer
200 g Konjakreis (Shiratakireis)

1. Zwiebel abziehen und halbieren, Petersilie waschen und trocken schütteln, beides in den Mixtopf geben und **5 Sek./Stufe 6** zerkleinern.
2. Karotten putzen, schälen, in grobe Stücke schneiden und im Mixtopf **3 Sek./Stufe 5** hacken.
3. Hähnchenbrustfilet säubern und in kleine Stücke zerteilen. Butter und Hähnchen in den Mixtopf geben und alles **5 Min./Linkslauf/Varoma/Sanftrührstufe** andünsten.
4. Brühe, Tomatenmark, Sojasauce, Salz und Pfeffer hinzufügen und das **Ganze 8 Min./100 °C/Linkslauf/Stufe 1** köcheln lassen.
5. In der Zwischenzeit Konjakreis laut Packungsangabe zubereiten (durchspülen und abseihen).
6. Nun Konjakreis in den Mixtopf schütten **und 5 Min./90 °C/Linkslauf/Stufe 1** vermengen. Vor dem Servieren noch einmal mit den Gewürzen abschmecken.

Erdnussbutter-Cookies

VERZEHRFERTIG IN **20 Min.**

Für 12 Stück
Pro Stück: 90 kcal/1,5 g KH/6,9 g P/6 g F
vegetarisch/glutenfrei

100 g Mandelmehl
1 Prise Salz
50 g Erythrit
80 g Erdnussmus ohne Zuckerzusatz
20 g Margarine oder Butter
1 Ei
1 TL Vanille-Extrakt

1. Backofen auf 190 °C Ober-/Unterhitze vorheizen.
2. Alle Zutaten in den Mixtopf geben und **1 Min./Knetstufe** vermengen. Aus dem Teig mit den Händen 12 Bällchen formen. Diese mit ausreichend Abstand auf ein mit Backpapier ausgelegtes Backblech legen und mit einer Gabel zu Cookies platt drücken.
3. Cookies 5–10 Min. im Ofen backen. Achtung! Die Cookies härten beim Abkühlen nach, deshalb noch weich, aber nicht zu feucht aus dem Ofen holen. Kekse aus dem Ofen nehmen und mindestens 10 Min. auf dem Backblech auskühlen lassen.

No-Bake-Cookies

VERZEHRFERTIG
15 Min.

Für 12 Stück
Pro Stück: 123 kcal/1,8 g KH/3,6 g P/11,2 g F
vegetarisch/glutenfrei

25 g Margarine
60 g Erythrit
125 g Erdnussmus ohne Zuckerzusatz
1 TL Vanille-Extrakt
10 g ungesüßtes Kakaopulver
80 g Kokosflocken

1. Margarine in den Mixtopf geben und **2 Min./70 °C/Stufe 1** schmelzen.
2. Erythrit, Erdnussmus, Vanille-Extrakt und Kakaopulver hinzugeben und **15 Sek./Stufe 3** vermischen.
3. Kokosflocken dazugeben und alles **10 Sek./Linkslauf/Stufe 2** vermengen.
4. Aus der Masse 12 Cookies formen und diese im Gefrierfach in 10 Min. fest werden lassen.

Tipp:
Die Cookies sollten im Kühlschrank aufbewahrt werden.

Schokocreme

VERZEHRFERTIG IN **5 Min.**

Für 2 Portionen
Pro Portion: 377 kcal/8 g KH/5,3 g P/34 g F
vegan/glutenfrei

1 Avocado (ca. 150 g Fruchtfleisch)
4 EL Kakaopulver
2 EL Chiasamen
3-4 EL Pudererythrit
200 g Kokosmilch, z. B. light

1. Avocado halbieren, den Kern entfernen, das Fruchtfleisch mit einem Löffel aus der Schale heben und in den Mixtopf geben.
2. Die restlichen Zutaten hinzufügen und alles **30 Sek./Stufe 5** zu einer homogenen Masse mixen. Dann in 2 Schüsseln verteilen.

Tipp:

Schokocreme nach Belieben mit Nüssen oder Früchten verfeinern.

Walnuss-Brownies

VERZEHRFERTIG
25 Min.

Für 24 Stück
Pro Stück: 92 kcal/0,9 g KH/3,2 g P/7,7 g F
vegan/glutenfrei

1 EL Chiasamen
5 EL Wasser
40 g Walnusskerne
250 g Mandelmus
60 g Kakaopulver
80 g Xylit
¼ TL flüssiges Stevia
½ TL Vanille-Extrakt
1 TL Backpulver
1 Prise Salz

1. Backofen auf 180 °C Ober-/Unterhitze vorheizen und ein Backblech mit Backpapier auslegen.
2. Chiasamen in einer kleinen Schüssel mit dem Wasser verrühren und 3 Min. quellen lassen.
3. Walnusskerne in den Mixtopf geben und **2 Sek./Stufe 5** hacken, dann in eine Schüssel umfüllen.
4. Das entstandene Chiagelee mit den restlichen Zutaten – bis auf die Walnüsse – in den Mixtopf geben und **25 Sek./Stufe 3** zu einer homogenen Masse verrühren.
5. Die gehackten Walnüsse hinzufügen und **10 Sek./Linkslauf/Stufe 1** unterrühren.
6. Den Teig auf das Backblech streichen, bis eine Fläche von etwa 20 x 20 cm entstanden ist.
7. Teig im Ofen 15 Min. backen und danach mit einem Messer in 24 kleine Rechtecke schneiden. Die Brownies härten beim Abkühlen nach, deshalb noch weich, aber nicht zu feucht aus dem Ofen holen.

Mandel-Schoko-Pudding

VERZEHRFERTIG 10 Min.

Für 2 Portionen
Pro Portion: 122 kcal/1,3 g KH/4,5 g P/10,4 g F
vegan/glutenfrei

2 EL Mandeln
250 g Mandelmilch
1 EL Erythrit
1 EL Backkakao
1 TL braunes Mandelmus
10 g Schokodrops Low Carb (alternativ: Zartbitterschokolade)
½ TL Guarkernmehl

1. Mandeln in den Mixtopf geben und **2 Sek./Stufe 5** hacken, dann in eine Schüssel umfüllen.
2. Die restlichen Zutaten in den Mixtopf füllen und **10 Sek./Stufe 8** mixen.
3. Alles **6 Min./95 °C/Stufe 2** aufkochen. Eventuell noch etwas Guarkernmehl einrieseln lassen, falls der Pudding nach 4 Min. noch zu flüssig ist.
4. Pudding auf 2 Dessertgläser verteilen und mit den gehackten Mandeln bestreuen.

Schoko-Haselnuss-Bällchen

VERZEHRFERTIG IN 5 Min.

Für 12 Stück
Pro Stück: 51 kcal/0,9 g KH/12 g P/4,2 g F
vegan/glutenfrei

2 EL Haselnüsse
50 g Haselnussmus (alternativ: Mandelmus)
30 g Mandelmehl
30 g Erythrit
1 TL Kakaopulver

1. Haselnüsse in den Mixtopf geben und **3 Sek./Stufe 5** zerkleinern, dann in eine Schüssel umfüllen.
2. Die restlichen Zutaten in den Mixtopf füllen und **10 Sek./Stufe 3** vermischen.
3. Aus der Masse 12 Bällchen formen und diese in den gehackten Haselnüssen wälzen.

Tipp:

Schoko-Haselnuss-Bällchen bis zum Verzehr im Kühlschrank lagern.

Himbeerdessert

VERZEHRFERTIG 5 Min.

Für 2 Portionen
Pro Portion: 374 kcal/14,6 g KH/11,1 g P/28,6 g F
vegetarisch/glutenfrei

- 2 EL Mandeln
- 2 EL Haselnüsse
- 200 g TK-Himbeeren
- 1¯L Erythrit
- 300 g griechischer Joghurt (alternativ: Quark oder Skyr)

1. Mandeln und Haselnüsse in den Mixtopf geben und **3 Sek./Stufe 5** zerkleinern, dann gleichmäßig auf 2 Dessertgläser verteilen.
2. 140 g Himbeeren mit dem Erythrit in den Mixtopf geben und **5 Sek./Stufe 3** zerkleinern. Reste vom Rand mit dem Spatel nach unten schieben und Himbeeren **2 Min./100 °C/Stufe 2** zu einem Mus verarbeiten, eventuell auf **Stufe 5** kurz pürieren.
3. Anschließend den griechischen Joghurt abwechselnd mit dem Himbeermus in die Gläser einschichten und Desserts mit den restlichen Himbeeren belegen.

Rezeptverzeichnis nach Zubereitungszeit

Bis 30 Min.

Bis 35 Min.

Bild- und Rezeptnachweis

S. 24–25: Thunfisch-Salat mit Rucola und Avocado (Rezept): Vanessa Faschingbauer, @vanessas.gymfood
S. 26–27: Blumenkohlsalat (Rezept + Foto): Diana Ruchser, schwarzgrueneszebra.de
S. 30–31: Garnelen-Avocado-Salat (Rezept): Vanessa Faschingbauer, @vanessas.gymfood
S. 34–35: Brokkolicremesuppe (Rezept + Foto): Diana Ruchser, schwarzgrueneszebra.de
S. 41: Avocado-Spinat-Dip (Rezept): Vanessa Faschingbauer, @vanessas.gymfood
S. 44: Tomaten-Feta-Creme (Rezept + Foto): Diana Ruchser, schwarzgrueneszebra.de
S. 45: Falscher Milchreis (Rezept + Foto): Vanessa Faschingbauer, @vanessas.gymfood
S. 46: Syrniki (Russische Quarkpfannkuchen) (Rezept): Vanessa Faschingbauer, @vanessas.gymfood
S. 48: Mandelbrei mit Zimt (Rezept + Foto): Diana Ruchser, schwarzgrueneszebra.de
S. 49: Heidelbeer-Crumble (Rezept + Foto): Vanessa Faschingbauer, @vanessas.gymfood
S. 50–51: Kokos-Porridge (Rezept + Foto): Diana Ruchser, schwarzgrueneszebra.de
S. 52: Pancakes mit Beeren (Rezept): Miriam Matin
S. 53: Mikrowellenbrot (Rezept + Foto): Diana Ruchser, schwarzgrueneszebra.de
S. 57: Omelett-Wraps (Rezept + Foto): Diana Ruchser, schwarzgrueneszebra.de
S. 60–61: Asiatische Nudelpfanne (Rezept + Foto): Vanessa Faschingbauer, @vanessas.gymfood
S. 64: Tofu-Eierspeise (Rezept): Vanessa Faschingbauer, @vanessas.gymfood
S. 68–69: Zucchini-Wedges mit mediterranem Joghurtdip (Rezept + Foto): Miriam Matin
S. 70–71: Gebackener Schafskäse auf Blumenkohlreis (Rezept + Foto): Miriam Matin
S. 72–73: Zucchininudeln mit Erdnusssauce (Rezept + Foto): Diana Ruchser, schwarzgrueneszebra.de
S. 74: Gemüsepuffer (Rezept + Foto): Diana Ruchser, schwarzgrueneszebra.de
S. 75: Schneller Garnelen-Curry-Topf (Rezept): Vanessa Faschingbauer, @vanessas.gymfood
S. 76–77: Thunfisch-Pizza-Bowl (Rezept + Foto): Vanessa Faschingbauer, @vanessas.gymfood
S. 78–79: Falscher Couscous mit Garnelen (Rezept + Foto): Diana Ruchser, schwarzgrueneszebra.de
S. 90–91: Bauerntopf (Rezept + Foto): Diana Ruchser, schwarzgrueneszebra.de
S. 92: Sauerkrauteintopf (Rezept + Foto): Diana Ruchser, schwarzgrueneszebra.de
S. 104–105: Blumisotto mit Hähnchen (Rezept + Foto): Diana Ruchser, schwarzgrueneszebra.de
S. 117: Erdnussbutter-Cookies (Rezept): Vanessa Faschingbauer, @vanessas.gymfood
S. 118: No-Bake-Cookies (Rezept + Foto): Vanessa Faschingbauer, @vanessas.gymfood
S. 119: Schokocreme (Rezept + Foto): Diana Ruchser, schwarzgrueneszebra.de
S. 120–121: Walnuss-Brownies (Rezept + Foto): Miriam Matin

S. 8: Eivaisla/shutterstock.com; S. 9: Elena Shashkina/shutterstock.com; S. 10: Syda Productions/shutterstock.com; S. 11: photka/shutterstock.com; S. 12: Kamil Macniak/shutterstock.com; S. 13 links oben: Nut Isarachanpanich/shutterstock.com; S. 13 rechts unten: Marsan/shutterstock.com; S. 15: P Maxwell Photography/shutterstock.com; S. 16: thefoodphotographer/shutterstock.com; S. 17: Amawasri Pakdara/shutterstock.com; S. 18 rechts oben: JPC-PROD/shutterstock.com; S. 18 unten: Alexander Raths/shutterstock.com; S. 19 rechts oben: svariophoto/shutterstock.com; S. 19 unten: Julia Sudnitskaya/shutterstock.com; S. 20 links: marcin jucha/shutterstock.com; S. 20 rechts: PhotoMarket/shutterstock.com; S. 23: Agnes Kantaruk/shutterstock.com; S. 25: Irina Rostokina/shutterstock.com; S. 29: Elena M. Tarasova/shutterstock.com; S. 30: GMMaria/shutterstock.com; S. 32: photopixel/shutterstock.com; S. 33: Helena Zolotuhina/shutterstock.com; S. 36: Ksenija Toyechkina/shutterstock.com; S. 39: Ingrid Balabanova/shutterstock.com; S. 40: Africa Studio/shutterstock.com; S. 41: Irina Rostokina/shutterstock.com; S. 42: Viktor Kochetkov/shutterstock.com; S. 43: epiximages/shutterstock.com; S. 47: Rimma Bondarenko/shutterstock.com; S. 55: Odua Images/shutterstock.com; S. 56: Iakov Filimonov/shutterstock.com; S. 58: Iryna_Kolesova/shutterstock.com; S. 59: Alesia.B/shutterstock.com; S. 62: Bjorn Bakstad/shutterstock.com; S. 65: YuliiaHolovchenko/shutterstock.com; S. 67: Elena Veselova/shutterstock.com; S. 75: Katerina Belaya/shutterstock.com; S. 80: Anna Hoychuk/shutterstock.com; S. 82: Julie208/shutterstock.com; S. 85: apolonia/shutterstock.com; S. 86: Agnes studio/shutterstock.com; S. 88: Fanfo/shutterstock.com; S. 89: siamionau pavel/shutterstock.com; S. 93: anandaBGD/istockphoto.com; S. 95: Liliya Kandrashevich/shutterstock.com; S. 96: genky/shutterstock.com; S. 99: Olga Miltsova/shutterstock.com; S. 100: Gaak/shutterstock.com; S. 101: Elena Shashkina/shutterstock.com; S. 103: farbled/shutterstock.com; S. 106: Anakumka/shutterstock.com; S. 108: Micky loves the world/shutterstock.com; S. 111: apolonia/shutterstock.com; S. 113: Peredniankina/shutterstock.com; S. 114: farbled/shutterstock.com; S. 116: colnihko/shutterstock.com; S. 117: jvaruzzo/shutterstock.com; S. 122: Oksana Mizina/shutterstock.com; S. 123: TorriPhoto/shutterstock.com; S. 124: Anna_Pustynnikova/shutterstock.com

Die Mitwirkenden

Diana vom Blog **www.schwarzgrueneszebra.de** teilt auf ihrer Seite jede Woche leckere Low-Carb-Gerichte. Nicht nur Schnelles für jeden Tag, sondern auch Außergewöhnliches für die besonderen Momente oder den süßen Zahn. Ihr Motto lautet: Geht nicht, gibt's nicht!

Ihnen fehlt die Motivation, sich lange in die Küche zu stellen und etwas Gesundes zu kochen? Wie man schnelle und vor allem eiweißreiche Gerichte und Süßspeisen zubereitet, zeigt **Vanessa F** in ihrem Instagram-Account **@vanessas.gymfood**.

Über die Autorin

Veronika Pichl, Jahrgang 1980, ist erfolgreiche Buchautorin zu den Themen Abnehmen, Ernährung, Bewegung und Glücklichsein. Sie entwickelt Ratgeber für den riva Verlag und den von ihr selbst gegründeten Happy Fit Food Verlag (www.happyfitfood.de). Im riva Verlag sind bereits zahlreiche Kochbücher von ihr erschienen. Sie lebt mit ihrem Mann und ihren beiden Kindern im Nürnberger Land.

Auf der Website zum Buch www.lowcarbblitzmix.de können Sie das kostenlose E-Book *Low Carb Snacks* anfordern. Ideal für den Hunger zwischendurch mit nur wenigen Kohlenhydraten.